语文零拾

朱自清 著

名山书局印行

国立西南联大中文系全体师
生合影，前排左二为朱自清

朱自清自编文集

语文零拾

朱自清 著

广陵书社

图书在版编目（ＣＩＰ）数据

语文零拾 / 朱自清著. －－ 扬州 ：广陵书社，
2018.7（2022.1重印）
　　（朱自清自编文集 / 陈武主编）
　　ISBN 978-7-5554-1026-3

　　Ⅰ．①语… Ⅱ．①朱… Ⅲ．①语言学－文集 Ⅳ.
①H0-53

中国版本图书馆CIP数据核字(2018)第105675号

书　　　名	语文零拾		
著　　　者	朱自清	丛书主编	陈　武
责任编辑	顾寅森	特约编辑	罗路晗
出 版 人	曾学文	装帧设计	鸿儒文轩·书心瞬意

出版发行	广陵书社
	扬州市四望亭路 2-4 号　　邮编：225001
	http://www.yzglpub.com　　E-mail:yzglss@163.com
印　　刷	三河市华东印刷有限公司

开　　本	787mm×1092mm　　1/32
字　　数	80 千字
印　　张	5
版　　次	2018 年 7 月第 1 版
印　　次	2022 年 1 月第 2 次印刷
书　　号	ISBN 978-7-5554-1026-3
定　　价	35.00 元

目录

序

　　这本小书收集的可以说都是一些书评和译稿。我是研究文学的，这些文字讨论的不外乎文学与语言，尤其是中国文学与中国语言。我在大学里教授中国文学批评和陶渊明诗、宋诗等。这些书评可以见出我的意见，够不够"心得"，我不敢说，但总是自己的一些意见。因为研究批评和诗，我就注意到语言文字的达意和表情的作用。这里说"达意"和"表情"，因为照现代的看法，达意和表情可以分为两种作用，不该混为一谈。我们说达意，指的是字面或话面；说表情，指的是字里行间或话里有话。书评中论"历史在战斗中"，论"生活的方法"，论"修辞学的比兴观"，译文中论"调整语调"，都是取的这个角度，这个分析语义的角度。

中国语达意表情的方式在变化中，新的国语在创造中。这种变化的趋势，这种创造的历程，可以概括的称为"欧化"或"现代化"。《新的语言》这篇论文和《中国文学与用语》这篇译文，都是讨论这问题的。《新的语言》曾引起吕叔湘先生的长篇讨论；承他指正的地方，这里已经改过了。讨论"欧化"，自然不能忽略中国语言的特性；王了一先生的《现代中国语法》最能表见这些特性，我的序文是他全书提要的说明。日本语虽然跟我们的不同系，但他们借用汉字甚多，和我们的关系相当密切，他们语言的发展，足以供我们参考的地方不少；即如欧化问题，他们就差不多跟我们一样。所以这里也收了几篇读书笔记。

译文中《回到大的气派》可以看出时代的动向，不但是一国的动向，恐怕是全世界的动向罢？这里所主张的，也可以说是为人生的文学。将这篇译文和《短长书》里所叙的我们文坛的现势对照起来，也许很有趣味。《灵魂工程师》是苏联文坛的报道，虽然简单，却能得要领，说的也是为人生而文学。原作者的态度似乎够客观的。

书中译稿都用原来的题目。书评、书序、笔记等，却都另拟了新的题目，而将原作的名称附列在题下。这样可以指出讨论的中心和我的意旨所在，比较醒目。至于跟译文的题式一致，倒还在其次。这本小书由于钱实甫先生的好意而集成，并由他交给名山书局印出，这里谨向他致谢。

朱自清，三十五年七月，成都。

陶诗的深度

——评古直《陶靖节诗笺定本》

(《层冰堂五种》之三)

　　注陶诗的南宋汤汉是第一人。他因为《述酒》诗"直吐忠愤"，而"乱以瘦诗，千载之下，读者不省为何语"，故加笺释。"及他篇有可发明者，亦并著之"。所以《述酒》之外，注的极为简略。后来有李公焕的《笺注》，比较详些；但不止笺注，还采录评语。这个本子通行甚久；直到清代陶澍的《靖节先生集》止，各家注陶，都跳不出李公焕的圈子。陶澍的《靖节先生年谱考异》，却是他自力的工作。历来注家大约总以为陶诗除《述酒》等二三首外，文字都平易可解，用不着再费力去作注；一面趣味便移到字句的批评上去，所以收了不

陶诗的深度　　　　　1

少评语。评语不是没有用，但夹杂在注里，实在有伤体例。仇兆鳌《杜诗详注》为人诟病，也在此。注以详密为贵；密就是密切、切合的意思。从前为诗文集作注，多只重在举出处，所谓"事"；但用"事"的目的所谓"义"，也当同样看重。只重"事"，便只知找最初的出处，不管与当句当篇切合与否；兼重"义"才知道要找那些切合的。有些人看诗文，反对找出处；特别像陶诗，似乎那样平易，给找了出处倒损了它的天然。钟嵘也曾从作者方面说过这样的话；但在作者方面也许可以这么说，从读者的了解或欣赏方面说，找出作品字句篇章的来历，却一面教人觉得作品意味丰富些，一面也教人可以看出哪些才是作者的独创。固然所能找到的来历，即使切合，也还未必是作者有意引用；但一个人读书受用，有时候却便在无意的浸淫里。作者引用前人，自己尽可不觉得；可是读者得给搜寻出来，才能有充分的领会。古先生《陶靖节诗笺定本》用昔人注经的方法注陶，用力极勤；读了他的书才觉得陶诗并不如一般人所想的那么平易，平易里有的是"多义"。但"多义"当以切合为准，古先生书却也未必全能如此，详见下。

从《古笺定本》引书切合的各条看，陶诗用事，《庄子》最多，共四十九次，《论语》第二，共三十七次，《列子》第三，共二十一次。曾用吴瞻泰《陶诗汇注》及陶澍注本比看，本书所引为两家所无者，共《庄子》三十八条，《列子》十九条；至于引《论语》处两家全未注出，当时大约因为这是人人必读书，所以从略。这里可以看出古先生爬罗剔抉的工夫；而《列子》书向不及《庄子》煊赫，陶诗引《列子》竟有这些多条，尤为意料所不及。沈德潜说："晋人诗旷达者征引《老》《庄》，繁缛者征引班杨，而陶公专用《论语》。汉人以下宋人以前，可推圣门弟子者渊明也。"照本书以引，单是《庄子》便已比《论语》多；再算上《列子》，两共七十次，超过《论语》一倍有余。那么，沈氏的话便有问题了。历代论陶，大约六朝到北宋，多以为"隐逸诗人之宗"，南宋以后，他的"忠愤"的人格才扩大了。本来《宋书》本传已说他"耻复屈身异代"等等。经了真德秀诸人重为品题，加上汤汉的注本，渊明的二元的人格才确立了。但是渊明的思想究竟受道家影响多，还是受儒家影响多，似乎还值得讨论。沈德潜以多引《论语》为言。考渊明引用《论语》诸处，除了字句的胎袭，不外"游好在六经""忧道不忧贫"两个意思。这里《六经》自是儒家典籍，固穷也是儒家精神，只是"道"是什么呢？渊明两次说"道丧向千载"。但如何才叫做"道丧",我们可以看《饮酒》诗第二十云:"羲农去我久,举世少复真。汲汲鲁中叟,弥缝使其淳。""真"与"淳"都不见于《论语》。什么叫"真"呢?我们可以看《庄子·渔父篇》云:

> 真者,所以受于天也。自然不可易也。故圣人法天贵真,不拘于俗。

"真"就是自然。"淳"呢?《老子》五十八章"其政闷闷,其民淳淳",王弼注云:

> 言善治政者无形无名,无事无政可举,闷闷然卒至于大治,故曰"其政闷闷"也。其民无所争竞,宽大淳淳,故曰"其民淳淳"也。

陶《劝农》诗云:"悠悠上古,厥初生民,傲然自足,抱朴含真。"《感士不遇赋》云:"……抱朴守静,君子之笃素。自真风告逝,大伪斯兴。……""抱朴"也是老子的话,也就是"淳"的一面。"真"和"淳"都是道家的观念,而渊明却将"复真""还淳"的使命加在孔子身上;此所谓孔子学说的道家化,正是当时的趋势。所以陶诗里主要思想实在还是道家。又查慎行《诗评》论《归园田居》诗第四云："先生精于释理，但不入社耳。"此指"人生似幻化，终当归空无"二语。但本书引《列子》《淮南子》解"幻化""归空无"甚确。陶诗里实在也看不出佛教影响。

陶诗里可以确指为"忠愤"之作者，大约只有《述酒》诗和《拟古》诗第九。《述酒》诗"瘐词"太多，古先生所笺可以说十得六七，但还有不尽可信的地方——比汤注自然详密得远了。《拟古》诗第九怕只是泛说，本书以为"追痛司马休之之败"，却未免穿凿。至于《拟古》诗第三、第七，《杂诗》第九、第十一，《读山海经》诗第九，本书也都以史事比附，文外悬谈，毫不切合，难以起信。大约以"忠愤"论陶的，《述酒》诗外，总以《咏荆轲》《咏三良》及《拟古》诗，《杂诗》助成其说。汤汉说："三良与主同死，荆轲为主报仇，皆托古以自见。"其实"三良"与"荆轲"都是诗人的熟题目：曹植有《三良诗》，王粲《咏史》诗也咏"三良"；阮瑀有《咏史》诗二首，咏"三良"及荆轲事。渊明作此二诗，不过老实咏史，未必别有深意。真德秀、汤汉又以《拟古》诗第八"首阳""易水"为说；但还只是偶尔断章取义。刘履作《选诗补注》乃云

"凡靖节退休后所作之诗，类多悼国伤时托讽之词。然不欲显斥，故以'拟古''杂诗'等目名其题"，二十一篇诗就全变成"忠愤"之作了。到了古先生，更以史事枝节傅会，所谓变本加厉。固然这也有所本，诗《毛传》《郑笺》可以说便是如此；但毛郑所引史实大部分岂不也是不切合的！以上这些诗，连《述酒》在内，历来并不认为渊明的好诗。朱熹虽评《咏荆轲》诗"豪放"，但他总论陶诗，只说"平淡出于自然"，他所重的还是"萧散冲澹之趣"，便是那些田园诗里所表现的。田园诗才是渊明的独创；他到底还是"隐逸诗人之宗"，钟嵘的评语没有错。朱熹又说"陶欲有为而不能者也"，这却有些对的。《杂诗》第五云："忆我少壮时，无乐自欣豫。猛志逸四海，骞翮思远翥。"《饮酒》诗第十六及《荣木》诗也以"无成""无闻"为恨。但这似乎只是少壮时偶有的空想，他究竟是"少无通俗韵，性本爱丘山"的人。

钟嵘说陶诗"源出于应璩，又协左思风力"。应璩诗存者太少，无可参证。游国恩先生曾经想在陶诗字句里找出左思的影响。他所找出的共有七联，其中《招隐》诗，"杖策招隐士，荒涂横古今"，确可定为《和刘柴桑》诗"山泽久见招""荒途无归人"二语所本，

"聊欲投吾簪"确可定为《和郭主簿》诗第一"聊用忘华簪"所本。本书所举却还有《咏史》诗"寂寂杨子宅",《饮酒》"寂寂无行迹","寥寥空宇中"(癸卯岁十二月中作),"萧索空宇中","遗烈光篇籍"(同上"历览千载书,时时见遗烈"),及《杂诗》"高志局四海"(《杂诗》"猛志逸四海")四句。不过从本书里看,左思的影响并不顶大;陶诗意境及字句脱胎于《古诗十九首》的共十五处,字句脱胎于嵇康诗赋的八处,脱胎于阮籍《咏怀》诗的共九处。那么,《诗品》的话就未免不赅不备了。但就全诗而论,胎袭前人的地方究竟不多;他用散文化的笔调,却能不像"道德论"而合乎自然,才是特长。这与他的哲学一致。像"结庐在人境,而无车马喧","人生归有道,衣食固其端。孰是都不营,而以求自安",都是从前诗里不曾有过的句法;虽然他是并不讲什么句法的。

本书颇多胜解。如《命子》诗"既见其生,实欲其可"的"可"字,注家多忽略过去,本书却证明"题目人以'可'字,乃晋人之常"。《和刘柴桑》诗,题下引《隋书·经籍志》注,"梁有'晋'柴桑令《刘遗民集》五卷,《录》一卷",证"刘柴桑"即"刘遗民"。此事向来只据李公焕注,得此确证,可为定论。

又"弱女虽非男，慰情良胜无"，或以为比酒之醨薄，或以为赋，都无证据。本书解为比，引《魏书·徐邈传》及《世说》，以见"魏晋人每好为酒品目，靖节亦复尔尔"。《还旧居》诗"常恐大化尽，气方不及衰"，次句向无人能解；本书引《礼记·王制》"五十始衰"，及《檀弓》郑注，才知"常恐……不及衰"，即常恐活不到五十岁之意。《饮酒》诗第十六"孟公不在兹，终以翳吾情"，旧注都以"孟公"为投辖的陈遵，实与本诗不切；本书据诗中境地定为刘龚，确当不易。又第十八前以杨子云自比，后复以柳下惠自比。这二人间的关系，向来无人能说；本书却引《法言》及他书证明"子云以柳下惠自比，故靖节以柳下惠比之"。又如《杂诗》第六起四句云："昔闻长老言，掩耳每不喜；奈何五十年，忽已亲此事！"诸家注都不知"此事"是何事。本书引陆机《叹逝赋序》"昔每闻长老追计平生同时亲故；或凋落已尽，或仅有存者……"，乃知指的是亲故凋零。

但书中也不免有疏漏的地方。如《停云》诗"岂无他人"，本书引《诗·唐风·杕杜》，实不如引《郑风·褰裳》切合些。《命子》诗"寄迹风云，冥兹愠喜"，下句本书引《庄子》为解，不如引《论语·公冶长》"令尹子文三仕为令尹，无喜色；三已之，无愠色"。《归园田居》诗第二"常恐霜霰至，零落同草莽"，上句无注，似可引《诗·小雅·颊弁》"如彼雨雪，先集维霰"，及《楚辞·九辩》"霜露惨凄而交下兮，心尚幸其弗济。霰雪雰糅其增加兮，乃知遭命之将至"。这两句诗是所谓赋而比的。《怨诗楚调示庞主簿邓治中》末云"慷慨独悲歌，钟期信为贤"，"钟期"明指庞邓，意谓只有你们懂得我。不必引古诗为解。《答庞参军诗序》"杨公所叹，岂惟常悲"，李公焕注："杨公，杨朱也。"本书引《淮南子》杨子哭歧路故事，但未申其"义"。按《文选》有晋孙楚《征西官属送于陟阳候作》诗，起四句云："晨风飘歧路，零雨被秋草。倾城远追送，饯我千里道。"这里的"歧路"只是各自东西的歧路，而不是那"可以南可以北"的了。可见这时候"歧路"一词，已有了新的引申义；渊明所用便是这个新义。"杨公所叹"只是"歧路"的代语，"叹"字的意思是不着重的。《和郭主簿》诗第一末云："遥遥望白云，怀古一何深。"本书解云："遥遥望白云"即"富贵非吾愿，帝乡不可期"也。这原是何焯的话，富贵二语见《归去来辞》。但怀古与白云或帝乡究竟怎样关联呢？按《庄子·天地篇》，"华封人谓尧曰：'失圣人鹑居而鷇饮，鸟行而无章。天下有道，与物皆昌。千岁厌世，去而上仙。乘彼白云，至于帝乡。三患莫至，身无常殃，则何辱之有！'"《怀古》也许怀的是这种乘白云至帝乡的古圣人。又第二末云："检素不获展，厌厌竟良月。"本书所解甚曲。"检素"即简素，就是书信；"检素不获展"就是接不着你的信。《饮酒》诗第十三"规规一何愚"，引《庄子·秋水》"适适然惊，规规然自失也"，不切，不如引下文"子乃规规然而求之以察，索之以辩"。《止酒》诗每句藏一"止"字，当系俳谐体。以前及当时诸作，虽无可供参考，但宋以后此等诗体大盛，建除、数名、县名、姓名、药名、卦名之类，不一而足，必有所受之。逆推而上，此体当早已存在，但现存的只《止酒》一首，便觉得莫名其妙了。本书引《庄子》"惟止能止众止"颇切；但此体源流未说及。

古先生有《陶靖节诗笺》，于民国十五年印行，已经很详尽。丁福保先生《陶渊明诗注》引用极多。《定本》又加了好些材料，删改处也有；虽然所删的有时并不应删，就如《停云》诗"搔首延伫"一句，原引《诗经·静女》"爱而不见，搔首踟蹰"和阮籍《咏怀》"感时兴思，企首延伫"，《定本》却将阮籍诗一条删去了。我们知道陶渊明常用阮诗，他那句话兼用《静女》及《咏怀》

或从《静女》及《咏怀》脱胎，是很可能的；古先生这条注实在很切合。《定本》所改却有好的，如《饮酒》诗第十八的注便是（详上文）。《诗笺》中四言诗注未用十分力，《定本》这一卷里却几乎加了篇幅一半。

甚么是宋诗的精华

——评石遗老人（陈衍）
评点《宋诗精华录》（商务印书馆出版）

　　本书仿严羽、高棅的办法，分宋诗为初、盛、中、晚四期，每期的诗为一卷。第一卷选诗三十九家，一百十七首，其中近体九十六首。第二卷选诗十八家，二百三十九首，其中近体一百六十四首。第三卷选诗三十二家，二百十二首，其中近体一百八十六首。第四卷选诗四十家，一百二十二首，其中近体一百零二首。全书共选诗一百二十九家，六百九十首，其中近体五百四十八首，占百分之七十九强，可见本书重心所在。《自序》云：

如近贤之桃唐宗宋，祈向徐仲车、薛浪语诸家，在八音率多土木，甚且有土木而无丝竹金革，焉得命为"律和声""八音克谐"哉！故本鄙见以录宋诗，窃谓宋诗精华乃在此而不在彼也。

开宗明义，便以近体为主。所谓"宋诗精华在此而不在彼"，可以就音律而言，也可以就宋诗全体而言。照前说，老人的意见似乎和傅玉露相近；傅氏为张景星等《宋诗百一钞》（《宋诗别裁》）作序，有云："宫商协畅，何贵乎腐木湿鼓！"不过傅氏就宋诗论宋诗，老人却要矫近贤之弊，用意各不相同罢了。照后一说，便有可商榷处。从前翁方纲选宋人七律，以为宋人七律登峰造极。本书所录七绝最多，七律次之；多选七律，也许与翁氏见解相同。多选七绝，却是老人的创举。他说过：

今人习于沈归愚先生各别裁集之说，以为七言绝句必如王龙标、李供奉一路，方为正宗；以老杜绝句在盛唐为独创一格，变体也。……沈归愚墨守明人议论故耳。（《石遗室诗话》，商务本，卷三，八叶）

老人此说，也有所本。近人是宋湘，老人已自言之（即在引文中，文繁，从略）。再远还有叶燮，他在《原诗》中说：

> 杜七绝轮囷奇矫，不可名状，在杜集中另是一格，宋人大概学之。宋人七绝，大约学杜者十六七，学商隐者十三四。

又说：

> 宋人七绝，种族各别，然出奇入幽，不可端倪处，竟有轶驾唐人者。若必曰唐，曰供奉，曰龙标以律之，则失之矣。

看了这些话，老人的多选七绝也就不足怪了。

可是若说宋诗精华专在近体，古体又怎样呢？王士禛《古诗选录》五古以选体为主，唐代只收陈、李、韦、柳而不收杜，似乎还是明人见解。七古却以为自杜以后，尽态极妍，蔚为大国，所收直到元代的虞集、吴渊颖为止。可是所选的诗似乎偏重妥帖敷愉一种，排奡者颇少。这是《宋诗钞序》所谓"近唐调"者。选宋人七古而求其"近唐调"，那么，选也可，不选也可。但是宋人古体的长处似乎别有所在，所谓"妥帖""排奡"，大概得之。五七古多如此，而七古尤然。这自然从杜、韩出，但五言回旋之地太少，不及七言能尽其所长，所以七古比五古为胜。我们可以说这些诗都在散文化，或说"以文为诗"。不过诗的意义，似乎不该一成不变，当跟着作品的变化而渐渐扩展。"温柔敦厚"固是诗，"沉着痛快"也是诗。《宋诗钞》似乎只选后一种，致为翁方纲所诋。他在《石洲诗话》中说《宋诗钞》所选古诗实足见宋诗真面目，虽然不免有粗犷的。石遗老人论古诗，重在结想"高妙"（《诗话》十二叶）。本书所选，侧重在立意新妙，合于所论。但工于形容，工于用事，工于组织，都是宋人古体诗长处，似乎也难抹煞不论。宋人近体自"江西派"以来，有意讲求句律，也许较古体精进些；可是古体也能发挥光大，自辟门户，若以精华专归近体，似乎不是公平的议论。我想老人论古诗语，原依白石《诗说》立言，并非盱衡全局。至于选录宋诗，原是偏主近体之音律谐畅者，以矫时贤之弊；古体篇幅太繁，若面面顾到，怕将成为庞然巨帙，所以只从结想"高妙"者着手。《序》中"精华"云云，想是只就近体说，一时兴到，未及深思，便成歧义了。

本书分期，颇为妥帖自然。向来论宋诗的，已经约略有此界画，老人不过水到渠成，代为拈出罢了。至于选录标准，可于评点及圈点中见出。本书评点扼要，于标示宗旨和指导初学，都甚方便。大抵首重吐属大方。此事关系修养，不尽在诗功深浅上。如评钱惟演《对竹思鹤》云"有身分，是第一流人语。"（一、一）陈与义《次韵乐文卿北园》云："五六濡染大笔，百读不厌。"（三、一）苏轼《和子由踏青》云："不甚高妙景物，名大家能写得恰如分际，小名家则非雅事不肯落笔矣。"（二、二○）这都说的是胸襟广阔，能见其大。又评黄鲁直《宿旧彭泽怀陶令》云："古人命名，未尝非用意有在。但专就名字上着笔，终近小巧。"（二、二三）《题竹石牧牛》云："用太白《独漉》篇调甚妙，但须少加以理耳。"（二、二六）按此处语太简略，其详见《诗话》十七（一叶），以为如诗语"何其厚于竹而薄于石"，未免巧而伤理了。又评陈师道《妾薄命》云："二诗比拟，终嫌不伦。"（二、二九）《放歌行》第一首云："终嫌炫玉。"（二、三○）所谓"不伦"，当是说得太亲昵，失了身分之意。又评乐雷发《送丁少卿自桂帅移镇西蜀》云："如用'瑞露'等字，终嫌小方。"

又评文同《此君庵》云："谚所谓'巧言不如直道'，这是墨守明人议论的所不敢说的。"老人不甚喜欢禅语。评饶节云："诗多禅语，非浅尝者比，然兹所不录。"（三、八）又评苏轼《百步洪》云："坡公喜以禅语作达，数见无味。此诗就眼前篙眼指点出，真非钝根人所及矣。"（二、一四）老人能够领略非浅尝的禅语而不喜东坡以禅语作达，大约也是觉得他太以此自炫了。至于不选饶节禅语之作，或因禅太多而诗太少之故。不过禅学影响于诗甚大，有人说黄山谷的新境界全是禅学本领。这层似尚值得详论。大方不但指思想，也指才力。书中评严羽云："沧浪有诗话，论诗甚高，以禅为喻。而所造不过如此。专宗王孟者，囿于思想，短于才力也。"（四、六）老人论诗，所以不主一格。他说过："知同体之善，忘异量之美，皆未尝出此。"（《诗话》十二、一叶）评秦观《春日五首》之一云："遗山讥'有情'二语为'女郎诗'。诗者，劳人思妇公共之言，岂能有雅颂而无国风，绝不许女郎作诗耶？"（二、三三）

大方而外，真挚与兴趣也是本书选录的标准。评苏舜卿《哭曼卿》云："归来句是实在沉痛语。"（一、一一）评梅尧臣《悼亡》之三云："情之所钟，不免质言，虽过当，无伤也。"（一、一三）《殇小女称称》之二云："末十字苦情写得出。"（一、一六）评黄鲁直《次韵吴宣义三径怀友》云："末四句沉痛。"（二、二四）《次韵文潜》云："沉痛语一二敌人千百。"（二、二八）评陈师道《妾薄命》之一云："沉痛语，可以长接顾长康之于桓宣武。"（二、二九）评陆游《沈氏小园》等作云："古今断肠之作，无如此前后三首者。"（三、二八）这都是真挚之作。语不真挚而入选者也有，那必是别有可取处。评王安石《寄阙下诸父兄兼示平甫兄弟》云："虽非由衷之言，而说来故自动听。"（二、四）黄鲁直《次韵子瞻武昌西山》云："并子瞻于次山，付诸一慨，此时境地同也。"（二、二五）评尤袤《送吴待制守襄阳》云"酬应之作，然三四六语有分寸"（三、一三），都可见。评黄鲁直《题伯时画严子陵钓滩》云："此兴到语耳。"（二、二五）《病起荆江亭即事》十首之一云："兴会之作。"（二、二六）老人并不特别看重仁兴之作，《诗话》三有评说（四叶），所以此二诗评语也只轻描淡写出之。但于蔡襄、欧阳修、苏轼、陆游梦中四诗（一、六；一、九；二、一一；三、二七），却极端推重，以为"如有神助"，甚至说"四诗之高妙为四君生平所未曾有"。（三、二七）

欧作确奇，而一句一意，没有多少组织的工夫。陆作贴切便利，"自然"可喜。苏作可称"兴会"。蔡作句奇意不奇。老人推许似乎太过了些。这和他论王安石诗，以"柳叶鸣蜩暗绿"二首压卷（二、六），同是难解。又评穆修《贵侯园》云："善戏谑兮，不为虐兮。"（一、八）孔武仲《瓜步阻风》云："第二句甚趣。"（二、三七）杨万里《题钟家村石崖》云："末七字使人失笑。"（三、二一）诗杂诙谐，杜甫晚年作品实开风气（胡适之先生《白话文学史》说）。宋人颇会学他。老人也赏识这一种的。

　　自来论诗文，都重模拟。死的模拟，所谓画死人坐像，不足重；重在能变化，能以故为新，所谓脱胎换骨的便是。本书评语往往指出诗句蓝本；其按而不断者都是能变化的。这种评语不但有助于诗的多义，兼能指点初学的人。有时也指出死模拟的句子，告诉人不可学。评陈师道《赠欧阳叔弼》云："末二句学杜而得其皮者，切不可学。"（三、三〇至三一）但评陈与义《再登岳阳楼感赋》云："五六学杜而得其骨者。"（三、二）得皮是死，得骨便活了。避熟就生也是活法，也是变。评苏舜卿《中秋夜吴江亭上对月怀前宰张子野及寄君谟蔡大》云："望月怀人语数见不鲜矣，此作颇能避熟就

甚么是宋诗的精华　　　　　　　　　　19

生。"（一、一一）变化其实也是创新，纯粹的创新是可遇而不可求的。评王安石《壬辰寒食》云："起十字无穷生清新。"（二、四）苏轼《题西林壁》云："此诗有新思想，似未经人道过。"（二、一三）杨万里《池口移舟入江再泊十里头潘家湾阻风不止》云："写逆风全就江水西流着想，惊人语乃未经人道矣。"（三、一九至二〇）诚斋诗中，新境较多，但时流于巧；巧就不大方了。老人评徐照《柳叶词》云"新巧而已"，也不满意于那巧味。书中于用字、造句、押韵，也偶然评及。用字如陈师道《和李使君九日登戏马台》云："三四加'堪'字、'更'字，便不陈旧。"（二、三二）这也是变。又如文同《北斋雨后》云："'占'字、'寻'字下得切。"（二、三六）造句如黄鲁直《宿旧彭泽怀陶令》云："铸词有极工处。"（二、二三）唐庚、张求诗云："工于造句。"（三、一〇）押韵如楼钥《求仲抑招游山归途遇雨》云："押'及'韵如抛砖落地，从《左氏传》'师何及'句来。"（三、五）都颇精当。只有辩黄鲁直《醇遂得蛤蜊复索舜泉》诗中"前"字韵诸语（二、二二至二三），未免牵强附会。其实那"前"字与"边"字同意，并无趁韵之嫌；"世人借口"，未知何指，似不足辩。书中尤重章句组织。评古诗常有"辞费"之语。如梅尧臣名作《范饶州坐中客语食河豚鱼》云："此诗绝佳者，实只首四句，余皆辞费。然所谓探骊得珠，其余鳞爪之物，听之而已。"（一、一二）组织工者曰"健"，就是"经济的"之意。句健易，全诗健难。老人评苏轼《王维吴道子画》云："大凡名大家诗，每篇必有一二惊人名句，全篇方镇压得住；其鳞爪之处，亦不处处用全力也。"（二、八）这是为名大家辩护，实在是组织不容易。近体也如此，所以古今诗话，摘句者多，录全篇者少。《石遗室诗话》中论此最精云：

作近体诗，患在意不足。如七律诗八句，奈无八句之意，则空滑搪塞，无所不至矣。但果是作手，尚张罗得来，八句中有两三句、三四句可味，余亦可观耳。意有余，而后如截奔马，如临水送将归，非施手段善含蓄不可。意仅足，则剡溪归棹，故作从容，故有余地，工于作态而已。（《诗话》十、十一叶）

书中评近体诸作，不大说及组织，实因全美的少，一一指疵，未免太烦。只有组织特别者才有说明。评郑文宝《阙题》云："案此诗首句一顿，下三句连作一气说，体格独创。唐人中唯太白'越王勾践破吴归'一首，前三句一气连说，末句一扫而空之。此诗异曲同工，善于变化。"（一、二）陈师道《春怀示邻里》云："此诗另是一种结构，似两绝句接成一律。"（二、三二）杨万里《题沈子寿旁观录》云："倒戟而入作法。"（三、一九）这三首诗若不细加吟味，是会囫囵看过的。

书中选录的诗甚有别裁，而且宋人诗话中称道的，和有关诗家掌故的作品，大抵也都在选中。读此书如在大街上走，常常看见熟人。评论诗家，如王安石（二、六）、苏轼（二、一六）、黄鲁直（二、二四）、朱熹（三、一二）、陆游（三、二九）、刘克庄（四、一一）等人，语虽简短而能扼要，绝非兴到振笔者可比。至于说诗，更是老人的长处。如说王安石《元丰行》（二、一）、《明妃曲》（二、二），抉出用意，鞭辟入里，古今人所未道及。又如黄鲁直《戏作林夫人欸乃歌》之一（二、二三），时序先后，颇不易明，老人一语点破，便觉豁然。评语中也间有附会处，上文论押韵，已举一条。他如评王安石《歌元丰》云："微有杨子幼'豆落为萁'意。"（二、四）细味原诗，却绝无此意。与《元丰行》《后元丰行》不同，只"南山"二字，涉想过远，才有此评；但他自己也不深信，所以只说"微有"。不过书中如此附会处极少。评语中间论改诗。欧阳修《丰乐亭小饮》云："第五句以太守而说游女丑，似未得体，当有以易之。"（一、九）原诗云："看花游女不知丑，古妆野态争花红。"这是诙谐语，与苏轼《于潜女》貌异心同；重在游女之朴真，不在品题美丑。再说诗并非作给游女看，也不是作给州民看，乃是给朋友们看的；既非宣教，何苦以体统相绳呢？又《招许主客》诗五六句云"更扫广庭宽百亩，少容明月放清光"，评云'少容'若作'多容'，更佳。"明月清光何限？即"横扫广庭宽百亩"，岂能尽容其放开来？说"少容"，是比较的多之意，意曲而趣；改"多容"就未免太"直道"了。

诗文评的发展

——评罗根泽《周秦两汉文学批评史》《魏晋六朝文学批评史》《隋唐文学批评史》（以上《中国文学批评史》第一、二、三分册，商务印书馆）与朱东润《中国文学批评史大纲》（开明书局）

"文学批评"是一个译名。我们称为"诗文评"的，与文学批评可以相当，虽然未必完全一致。我们的诗文评有它自己的发展；现在通称为"文学批评"，因为这个名词清楚些，确切些，尤其郑重些。但论到发展，还不能抹杀那个老名字。老名字代表一个附庸的地位和一个轻蔑的声音——"诗文评"在目录里只是集部的尾巴。原来诗文本身就有些人看作雕虫小技，那么，诗文的评更是小中之小，不足深论。一面从《文心雕龙》和《诗品》以后，批评的精力分散在选本和诗话以及文集里，绝少系统的专书，因而也就难以快快的提高自己身分。再说有许多人以为诗文贵在能作，评者往往不是作手，所评无非费话，至多也只是闲话。不过唐宋以来，诗文评确还在继承从前的传统发展着，各家文集里论文论诗之作，各家诗话，以及选本、评选本、评点本，加上词话、曲品等，数量着实惊人。诗文评虽在附庸地位，却能独成一类，便因为目录学家不得不承认这种发展的情势。但它究竟还在附庸地位，若没有"文学批评"这个新意念、新名字输入，若不是一般人已经能够郑重地接受这个新意念，目下是还谈不到任何中国文学批评史的。

清末，我们开始有了中国文学史。"文学史"虽也是输入的意念，但在我们的传统中却早就有了根苗。六朝时，沈约、刘勰都论到"变"，指的正是文学的史的发展，所以这些年里文学史出的不算少，虽然只有三四本值得读的。中国文学批评史的出现，却得等到"五四"运动以后，人们确求种种新意念、新评价的时候。这时候，人们对文学取了严肃的态度，因而对文学批评也取了郑重的态度，这就提高了在中国的文学批评——诗文评——的地位。二十年来，我们已经有了至少五种中国文学批评史，进展算是快的。在西方，贵创作而贱批评的人也不少，他们虽有很多文学批评的著作，但文学批评史一类著作似乎还是比文学史少得多。我们这二十来年里，文学批评史却差不多要追上了文学史。这也许因为我们正在开始一个新的批评时代，一个重新估定一切价值的时代。要重新估定一切价值，就得认识传统里的种种价值，以及种种评价的标准。于是乎研究中国文学的人有些就将兴趣和精力放在文学批评史上。再说我们对现代中国文学所用的评价标准，起初虽然是普遍的——其实是借用西方的——后来就渐渐参用本国的传统的，如所谓"言志派"和"载道派"——其实不如说是"载道派"和"缘情派"。文学批评史不止可以阐明过去，并且可以阐明现在，指引将来的路。这也增高了它的趣味与地位。还有，所谓文学遗产问题，解决起来，不但用得着文学史，也用得着文学批评史。中国文学批评史发展得相当快，这些情形恐怕都有影响。

第一个人大规模搜集材料来写中国文学批评史的，得推郭绍虞先生。他搜集的诗话，我曾见过目录，那丰富恐怕还很少有人赶得上的。他写过许多单篇的文字，分析了中国文学批评里的一些重要的意念，启发我们很多。可惜他那部《中国文学批评史》只出了上册，又因为写的时期比较早些，不免受到不能割爱之处，加上这种书还算在草创中，体例自然难得谨严些。罗先生的书，情形就不相同了。编制便渐渐匀称了，论断也渐渐公平了。这原也是自然之势。罗先生这部书写到五代为止，比郭先生写到北宋的包括的时期短些，可是详尽些。这原是一部书，因为战时印刷困难，分四册出版，但第四册还没有出。就已出的三册而论，这是一部值得细心研读的《中国文学批评史》。"文学批评"原是外来的意念，我们的诗文评虽与文学批评相当，却有它自己的发展，上文已经提及。写中国文学批评史，就难在将这两样比较得恰到好处，教我们能依靠了文学批评这把明镜，照清楚诗文评的面目。诗文评里有一部分与文学批评无干，得清算出去。这是将文学批评还给文学批评，是第一步。还得将中国还给中国，一时代还给一时代。按这方向走，才能将我们的材料跟那外来意念打成一片，才能处处抓住要领；抓住要领以后，才值得详细探索起去。罗先生的书除《绪言》（第一册）似乎稍繁以外，只翻看目录，就教人耳目清新，就是因为他抓得住的原故。他说要兼揽编年、纪事本末、纪传三体之长，创立一种"综合体"。有时也不必拘泥体例：如就一般的文学批评而言，隋唐显与魏晋南北朝不同，所以分为两期。但唐初的音律说，则传南北朝衣钵，便附叙于南北朝的音律说后。他要做到章学诚所谓"尽其天而不益以人"的客观态度（一册三六至三八面）。能够这样，才真能将一时代还给一时代。《隋唐文学批评史》（三册）开宗明义是两章"诗的对偶及作法"上下。乍看目录，也许觉得这种琐屑的题目不值得专章讨论，更不值得占去两章那么重要的地位；可是仔细读下去，才知道它的重要性比"音律说"（在二册中占两章）有过之无不及，著者特别提出，不厌求详，正是他的独见；而这也正是切实的将中国还给中国的态度。

《绪言》里指出"西洋的文学批评偏于文学裁判及批评理论，中国的文学批评偏于文学理论"。"中国的批评，大都是作家的反串，并没有多少批评专家。作家的反串，当然要侧重理论的建设，不侧重文学作品的批评"。又说中国的"批评不是创作的裁判，而是创作的领导"（一册一四、一五面）。他以为这是因为中国文化"尚用重于尚知，求好重于求真"（一册一六至一七面）。这里指出的事实大体是不错的；说是"尚用重于尚知"，也有一部分真理。但是说作家反串"就当然侧重理论"，以及"求好重于求真"，似乎都还可以商榷。即如曹丕、曹植都是作家，前者说文人"各以所长，相轻所短"（《典论论文》），后者更说"常好人讥弹其文，有不善者应时改定"（《与杨德祖书》），都并不侧重理论。罗先生称这些为"鉴赏论"（二册七八至七九面），鉴赏不就是创作的批评或裁判么？照罗先生的意思，这正是求真；照曹植的话看，这也明明是求好——曹丕所谓长短，也是好与不好的别名。而西方的文学裁判或作家作品的批评，一面固然是求真，一面也还是求好。至于中国的文学理论，如"载道说"，却与其说是重在求好，不如说是重在求真还贴切些。总之，在文学批评里，理论也罢，裁判也罢，似乎都在一面求真，同时求好。我们可以不必在两类之间强分轻重。至于中国缺少作家作品的系统的批评，儒家尚用而不尚知，固然是一个因子，道家尚玄而不尚实，关系也许更大。原来我们的"求好"的艺术论渊源于道家，而道家不信赖语言，以为"言不尽意"，所以崇尚"无端崖之辞"。批评到作家和作品，便不免着实，成了"小言"有端崖之辞，或禅宗所谓死话头。所以这种批评多少带一点"陋"；陋就是见小不见大。中国文学批评就此没有得着充分的发展；它所以不能成为专业而与创作分途并进，也由于此。至于现代西方人主张"创作必寓批评""批评必寓创作"，如书中所引朱光潜先生的话，却又因为分业太过，不免重枝节而轻根本，所以百尺竿头，更进一步。这一步为的矫正那偏重的情形，促进批评的更健全的发展。但那批评和创作分业的现象，还要继续存在，因为这是一个分业的世界。中国对作家和作品的批评，钟嵘《诗品》自然是最早的一部系统的著作，刘勰《文心雕龙》也系统地论到作家，这些个大家都知道。但是大家都忽略了清代几部书。陈祚明的《古诗选》，对入选作家依次批评，以辞与情为主，很多精到的意思。《四库全书总目提要》集部各条，从一方面看，也不失为系统的文学批评，这里纪昀的意见为多。还有赵翼的《瓯北诗话》分列十家，家各一卷，朱东润先生说是"语长而意尽，为诗画中创格"（《批评史大纲》三六八面），也算得系统的著作。此外就都是零碎的材料了。罗先生提到"制艺选家的眉批总评"，以为毫无价值（一册一六面，参看八面）。这种选家可称为评点家。评点大概创始于南宋时代，为的是给应考的士子揣摩；这种选本一向认为陋书，这种评点也一向认为陋见。可是这种书渐渐扩大了范围，也扩大了影响，有的无疑能够代表甚至领导一时创作的风气，前者如宋末方回的《瀛奎律髓》，后者如明末钟惺、谭元春的《古唐诗归》。文学批评史似乎也应该给予这种批评相当的地位，才是客观的态度。其实选本或总集里批评作家或作品的片段的话，是和选本或总集同时开始的。王逸的《楚辞章句》，该算是我们第一部总集或选本，里面就有了驳班固论《离骚》的话。班氏批评屈原和《离骚》，王氏又批评他的批评，这已经发展到二重批评的阶段了。原来我们对集部的工作，大致有两个方向。一是笺注，是求真；里面也偶有批评，却只算作笺注的一部分。《楚辞章句》里论《离骚》，似乎属于这一类。又如《文选》里左思《魏都赋》张载注，论到如何描写鸟将飞之势，如何描写台榭的高，比较各赋里相似的句子，指出同异，显明优劣，那更清楚的属于这一类。二是选录，是求好；选录旨趣大概见于序跋或总论里，有时更分别批评作家以至于作品。晋代挚虞的《文章流别》和李充的《翰林论》是开山祖师，他们已经在批评作家和作品了。选本的数量似乎远在注本之上，但是其中文学批评的材料并不多，完整的更少，原因上文已经论及。别集里又有论诗文等的书札和诗，其中也少批评到作家和作品；序跋常说到作家了，不过敷衍的多，批评的少，批评到作品的更是罕见。诗话、文话等，倒以论作家和作品为主，可是太零碎；摘句鉴赏，尤其琐屑。史书文苑传或文学传里有些批评作家的话，往往根据墓志等等。墓志等等有时也批评到作品，最显著的例子是元稹作的杜甫的《墓志铭》，推尊杜甫的排律，引起至今争议莫决的李杜优劣论。从以上所说，可见所谓文学裁判，在中国虽然没有得着充分的发展，却也有着古久的渊源和广远的分布。这似乎是不容忽视的。

但是罗先生这部书的确能够借了"文学批评"的意念的光将我们的诗文评的本来面目看得更清楚了。他在《魏晋六朝文学批评史》里特立专章阐述"文体类"的理论（二四至四一面）。从前写文学史及文学批评史的人都觉得这种文体论琐屑而凌乱，没有给予充分的注意。可是读了罗先生的叙述和分析，我们可以看出那种种文体论正是作品的批评。不是个别的，而是综合的。这些理论指示人们如何创作、如何鉴赏各体文字。这不但见出人们如何开始了文学的自觉，并见出六朝时那新的"净化"的文学概念如何形成。这是失掉的一环，现在才算找着了，连上了。这一分册里《文学概念》一章（一至一七面），叙述也更得要领，其中"萧纲的鼓吹，郑邦文学"和"徐陵的编辑'丽人'艳歌"，各占了一个独立的节目。还有上文提过的第三分册的头两章《诗的对偶及作法》，跟"文体类"有同样的作用，见出律诗是如何发展的，也见出"元稹、白居易的社会诗论"

的背景的一面来。再说魏晋时代开始了文学的自觉以后，除文体论外，各种的批评还不少。这些批评，以前只归到时代或作家、批评家的名下，本书却分立"创作论"和"鉴赏论"两章来阐述（二册七〇至八一面），面目也更清楚了。《周秦两汉文学批评史》里还提到"古经中的辞令论"（五三面），这也是失掉的一环。春秋是"诗"和"辞"的时代。那时，"诗"也当作"辞"用，那么，也可以说春秋是"辞"的时代。战国还是"辞"的时代。辞令和说辞如何演变为种种文体，这里不能讨论。（章学诚《文史通义·诗教篇》曾触及这问题，但他还未认清"辞"的面目）现在只想指出孔子的"辞达而已矣"那句话和《易传》里"修辞立其诚"那句话，对后世文论影响极大，而这些原都是论"辞"的。从这里可见"辞令论"的重要性。可是向来都将"文"和"辞"混为一谈，又以为"辞"同于后世所谓的"文辞"，因此就只见其流，不见其源了。《文选》序曾提出战国的"辞"，但没有人注意。清代阮元那么推重《文选》，他读那篇序时，却也将这一点忽略了。罗先生现在注意到"古经中的辞令论"，自然是难得的，只可惜他仅仅提了一下没有发挥下去。第三分册里叙述史学家的文论，特立"文学史观"一个节目（八九至九一面）。这是六朝以来一种新的发展，是跟着文学的自觉和文学概念的转变来的。前面说过"文学史"的意念在我们的传统中早就有了根苗，正是指此。以前的文学史等，却从没有这么清楚的标目，因此就隐蔽了我们传统中这个重要的意念。这一分册叙述"古文论"（一〇三至一五一面），也很充实。关于韩愈，特别列出"不平则鸣"与"文穷益工"一目（一三三至一三四面）。这是韩愈的重要的文学见解，不在"惟陈言之务去"以下，但是向来没有得着应得的地位。本书《绪言》中说到"解释的方法"，有"辨似"一项，就是分析词语的意义，在研究文学批评是极重要的。文学批评里的许多术语沿用日久，像滚雪球似的，意义越来越多。沿用的人有时取这个意义，有时取那个意义，或依照一般习惯，或依照行文方便，极其错综复杂。要明白这种词语的确切的意义，必须加以精密的分析才成。书中如辨汉代所谓"文"并不专指诗赋（一册九八面），又如论到"辞赋的独特价值就是在不同于诗"，而汉人将辞赋看作诗，"辞赋的本身品性，当然被他们埋没不少，辞赋的当时地位，却赖他们提高好多"（一册一二〇面），都是用心分析的结果，这才能辨明那些疑似之处。

朱先生的《中国文学批评史大纲》，《自序》里说"这本书的叙述特别注重近代的批评家"（四面）。他的书大部分以个别的批评家标目，直到清代《白雨斋词话》的著者陈廷焯为止。他的"远略近详"的叙述，恰好供给我们的需要，弥补我们的缺憾。这还是第一部简要的中国文学批评全史，我们读来有滋味的。这原是讲义稿，不是"详密的中国文学批评史"，《自序》里说得明白。我们只能当它"大纲"读着。有人希望书里叙述得详备些，但那就不是"大纲"了。《自序》中还说这本书是两次稿本凑合成的，现在却只留下一处痕迹。第三十七章里说："东坡、少游于柳词皆不满，语见前"（一九六面），前面并不见。这总算不错了。作为"大纲"，本书以批评家标目，倒是很相宜的。因为如《自序》所说，"这里所看到的，常常是整个的批评家"（四面）。朱先生关于中国文学批评的著作很多，《读诗四论》（商务）之外，还有许多研究历代批评家的论文，曾载在武汉大学的《文哲学报》上，现在听说已集成一书，由上海开明书店印行了。《读诗四论》和那些论文都够精详的，创见不少。他取的是客观的分析的态度。《大纲》的《自序》里提到有人"认为这本书不完全是史实的叙述，而有时不免加以主观的判断"。朱先生承

诗文评的发展

35

认这一点，他提出"史观的问题"，说"作史的人总有他自己的立场"（五面）。本书倒是有夹叙夹议的，读来活泼有味，这正是一因。但是朱先生的史观或立场，似乎也只是所谓"释古"，以文学批评还给文学批评，中国还给中国，一时代还给一时代。这似乎是现代的我们一般的立场，不见其特别是朱先生主观的地方。例如书中叙"盛唐"以后论诗大都可分二派："为艺术而艺术，如殷璠、高仲武、司空图等"，"为人生而艺术，如元结、白居易、元稹等"（九三至九四面）。两派的存在得着外来的意念来比较而益彰。又如论袁枚为王次回辩护道："次回《疑雨集》，与《随园诗话》所举随园、香亭兄弟之诗论之，非特与男女性情之得其正者无当，即赠勺采兰，亦不若是之绘画裸陈也。……若因风趣二字，遂使次回一派，以孽子而为大宗，固不可矣。"（三六三面）这可以说是"雅正"的传统，不过是这时代已经批评的接受了的，和上例那一对外来的传统的意念的地位一般。这些判断都反映着我们的时代，与其说是主观的，不如说是客观的，可是全书以陈廷焯作殿军，在这末一章里却先叙庄棫、谭献道："清人之词，至庄、谭而局势大定，庄、谭论词无完书，故以亦峰（廷焯字亦峰）之说终焉"。（三九六面）这个判断是客观的，但标目不列代表的批评家庄、谭，只举出受庄氏影响的陈氏，未免有些偏畸或疏忽。然而这种小节是不足以定主客观之辨的。

《大纲》以个别的批评家标目，这些批评家可以说都是代表一个时代、一个派别或一种理论的批评家，著者的长处在能够根据客观的态度选出了一些前人未曾注意的代表批评家。如南宋反对"江西派"的张戒（三十章），清代论诗重变的叶燮（六十一章），第一个有文学批评史的自觉的纪昀（六十七章），创诗话新格的赵翼（七十章）。他们的文学批评，一般的文学史，似乎都不大提及，有些简直是著者第一次介绍和我们相见。此外如金人瑞和李渔各自占了一章的地位（六十三、六十四章），而袁宏道一章（五十章）中也特别指出他推重小说、戏曲的话（二六面），这些都表现着现代的客观态度。这种客观的态度，虽然是一般的，但如何应用这种态度，还得靠著者的学力和识力而定，并不是现成的套子，随意就可以套在史实上。论金人瑞批评到他的评点（三三七、三四〇面），并征引他的《西厢记》评语（三三八面），论钟惺、谭元春一章（五十一章）也征引《诗归》里的评语；论到近代批评，是不能不给予评点公平的地位的。因此想到宋元间的评点家刘辰翁，他评点了很多书，似乎也应该在这本书里占个地位。书中论曹丕兄弟优劣，引王夫之《姜斋诗话》："曹子建之于子桓，有仙凡之隔，而人称子建，不知子桓，俗论大抵如此"。以为"此言若就文学批评方面论之，殆不可废"（二五面，参看二七面），最是公平的断语。又评钟嵘持论"归于雅正"（六八面），向来只说钟氏专重"自然英旨"，似乎还未达一间。至于论严羽："吾国文学批评家，大抵身为作家，至于批判古今，不过视为余事。求之宋代，独严羽一人，自负识力，此则专以批评名家者。"（一八四面）这确是独到之见。两宋诗话的发达，培养出这种自觉心，也是理有固然，只是从来没人指出罢了。其他如论元稹"持论虽与白居易大旨相同，而所见之范围较大，作诗之母题较多，故其对人之批评，亦不若居易之苛"（九九面）。论柳冕"好言文章与道之关系，与韩愈同，然有根本不同者，愈之所重在文，而冕之所重在道"（一〇六面）。似乎也都未经人说及。书中又指出陆机兄弟"重在新绮"，而皇甫谧和左思的《三都赋序》持"质实"之说（三二面）；人们一向却只注意到齐代裴子野的《雕虫论》。明初高棅的《唐诗品汇》列杜甫为大家，好像推尊之至，但书中指出他不肯当杜甫是"正宗"（二二三面）。韩愈的文统——文统说虽到明代茅坤才明白主张（二四七至二四八面），但韩愈已有此意，这里依郭绍虞先生的意见——《五经》而下，列举左氏、庄、《骚》、太史公、司马相如、刘向、扬雄（《进学解》《答刘正夫书》）。本书指出明代王世贞又以《庄》《列》《淮南》《左氏》为"古四大家"（二三八面），这种异同该是很有意义的。又如引曾国藩日记"古文之道，与骈体相通"，说"此为曾氏持论一大特点，故其论文，每每从字句声色间求之"（三九二面）。这也关系一时代一派别的风气。以上各例，都可见出一种慎思明辨的分析态度。

历史在战斗中

——评冯雪峰《乡风与市风》（作家书屋）

雪峰先生最早在《湖畔》中以诗人与我们相见，后来给我们翻译文学理论，现在是给我们新的杂文了。《乡风与市风》是杂文的新作风，是他的创作。这充分地展开了杂文的新机能，讽刺以外的批评机能，也就是展开了散文的新的机能。我们的白话散文，小说除外，最早发展的是长篇议论文和随感录，随感录其实就是杂文的一种型。长篇议论文批判了旧文化，建设起新文化；它在这二十多年中，由明快而达到精确，发展着理智的分析机能。随感录讽刺着种种旧传统，那尖锐的笔锋足以教人啼笑皆非。接着却来了小品文，虽说"天地之大，苍蝇之微"，无所不有，然而基础是打在"身边琐事"上。这只是个人特殊的好恶，表现在玩世哲学的光影里。从讽刺的深恶痛疾到玩世的无可无不可，本只相去一间；时代的混乱和个性的放弛成就了小品文的一时之盛。然而盛极则衰，时代的路向渐渐分明，集体的要求渐渐强大，现实的力量渐渐逼紧，于是杂文便成了春天第一只燕子。杂文从尖锐的讽刺个别的事件起手，逐渐放开尺度，严肃的讨论到人生的种种相，笔锋所及越见深广，影响也越见久远了。《乡风与市风》可以说正是这种新作风的代表。

"乡风"是农民和下层社会妇女的生活的表现，"市风"是大都会知识者生活的表现。前者似乎比较单纯些，一面保守着传统，一面期待着变。后者就复杂得多，拥抱过去，憧憬将来，腐蚀现在，各走各的路，并且各说各的理。传统是历史，过去是历史，那期待，那憧憬，甚至那腐蚀，也是历史孕育出来的，所谓矛盾的发展。雪峰先生教人们将种种历史的责任"放在自己的肩上"，"因为这个历史到底是我们自己的历史"，这样才能够"走上自觉的战斗的路"。这是现在的战斗，实际的战斗，必须整个社会都走上这条路，而且"必须把战线伸展到生活和思想的所有的角落去"。这战斗一面对抗着历史，一面领导着历史。人们在战斗中，历史也在战斗中。可是"乡风"也好，"市风"也好，现在都还没有自觉地向战斗的路上吹，本书著者所以委曲的加以"分析，批判，以至否定"，来指明这条路。

"乡风"的主角农民和妇女，大抵是单纯的。他们相信还好主义，相信烈女节妇，似乎都是弱者的表现；可是也会说"世界是总要变一变的"。有时更"不惜自己的血"去反抗敌人，像书中所记浙东的种种情形，"这便是弱者在变成强者"了。单纯得善良，也单纯得勇敢，真是的。根柢在"对于现实生活的执着"。书中论一个死了丈夫或死了儿子的乡下女人的啼哭，说这个道理，最为鞭辟入里：

> 但最主要的，是她在这样的据点上，用以和人生结合的是她的劳动和她的生命，和丈夫或儿子谋共同生活，共同抵抗一切患难与灾害，对一切都以自己的劳动和生命去突击。于是，单纯而坚实的爱就从为了生活的战斗中产生。唯其以自己的劳动和生命向着"利害的""经济的"生活突击，于是超"利害的"、超"经济的"爱和爱的力就又那样的强毅，那样的浑然而朴真。（也正是在这上面，消

费阶层的人们立即显出了自私和薄情了。）而在生活的重压下，却不仅这爱和爱的力不能不表现为一切的坚忍，集中于对于现实生活的执着，并且因此就更黏住那据点，更和据点胶结得紧了——这又是生活限制了他们，使他们不能走得更远一点。于是，一到所黏住的据点失去，便不能不被无边际的朦胧所压迫，被空虚所侵，而感到无可挽救似的凄哀。（一一六至一一七面）

这种单纯的执着，固然是由历史在支配着，可是这种执着的力量，若有一天伴随上"改进自己的地位的要求"，却能够转变历史；过去如此，现在也如此。这便是"市风"的主角知识者，如今是生活在"混乱"中。"这正是旧的生活观念的那一向还巩固的物质基础，也被实际生活的冲击而动摇着了罢？"不错的，于是有些人将注子压在"老大"上，做着复古的梦，但是"老大"只"作为造成历史的矛盾的地盘而有用"，"历史的矛盾"就是历史在战斗中，"老大"该只是战斗的经验多的意思才有道理。除了这样看，那就老大也罢，古久也罢，反正过去了，永远过去了，永远死亡了——一个梦，一个影子，抓不住的——又有些"自赏"着美丽的理想。而这也只是"对于永远过去了的白昼的没有现实根据的梦想，以对于黄昏的依恋及其残存的微光，注向于黑黑的午夜，仿佛有那么一支发着苍白的光的蜡烛，奄奄一息地在黑影里朦胧地摇晃。""这样的理想主义当然是所谓苍白的，而拥抱它的人也自然是苍白无力的人：这一拥抱就是他的消失！"那拥抱过去的人虽不一定"苍白无力"，可也不免外强中干——外强是自大，中干是自卑。总之，这两种人都是空虚的：

　　如果我们是因为空虚，则无论拥抱过去时代，无论拥抱将来的美的世界，都依然是空虚的罢。假如我们的空虚是从我们现在而来的，那么我们便会真实的觉得：过去时代像是灰白的尸体，而美的将来也简直是纸糊的美人。（一三五面）

　　重节操的人似乎算得强者了。然而至多只做到了有所不为的地步；其次由于"胆小而虚伪的历史观察和对于人生实践的迂拙而消极的态度"，更只止于洁身自好，真是落到了"为节而节"的末路；又其次"终于将这德行还附上了庸俗的和矫揉造作以至钓名沽誉的虚伪的面目"。一向士大夫所以自立，所以自傲的这德行，终于在著者的书页里见得悲哀、空虚，甚至于虚无了。他在《谈士节兼论周作人》一文的结尾道："我们是到了新的时代，历史的悲哀和空虚将结束于伟大的叛逆，也将告终于连这样的空虚和悲哀也不可能了的时代"。这末尾一语简直将节操否定得无影无踪。可是细心读了那上文委曲的分析，切实的批判，便知这否定决非感情用事，而不由人不相信。这篇文字论士节这般深透，我还是初见，或许是书中最应该细心读的。还有，悲观主义也由空虚而来。这是"像浮云一般的东西，既多变化，而又轻如天鹅绒似的"。在悲观者本人"也只是一种兴奋剂，很难成为一种动力，对于人也至多有一点轻尘似的拂扰之感，很少有引起行为的影响"。但是如愤世者所说，"现在是连悲观也悲观不起来也"。悲观者自己是疲劳了，疲劳到极点了，于是随波逐流，行尸走肉，只是混下去。这就比悲观主义更危险，更悲哀。

著者特别指出这样一种人：

用厌烦的心情去看可厌烦的世界，可并不会因此引起对于世界的绝望或反抗，却满足于自己的厌烦，得意着他那已经浸入到灵魂深底里去的一些文化上的垃圾，于是对一切都冷淡，使自己完全游泛

在自私的市侩主义里。……这种人是一种混杂体……蒙盖在厌世的个人主义下面，实质上是市侩主义和赤精的利己主义。（一二九面）

这里指的就是三十年来流行世界的玩世主义，也正是空虚或虚无的表现。著者认为绝对的虚无主义就是绝对的利己主义；因为"人虚无到绝对的时候，实在就非利己到绝对不可，那时，就连虚无主义也并非必要的了。反之，如果要利己到绝对，也就非虚无到绝对不可"。他认为市侩主义正是一种虚无主义，所以也就是一种利己主义了。这利己主义到了"惟利是逐"的地步，"却是非空虚到极点不可。现在人都以'心目中无国家民族'一句话，咒骂并不以惟利是逐或利己主义为羞了的人们，殊不知在他们的心底的深处，是在感到连他们自己都快要不存在了"。这种种都是腐蚀现在的人。

这种种"市风"其实都是历史在战斗中的曲折的阵势，历史在开辟着那自觉的路。著者曾指出"老人"也可以有用；又说"还有那在黎明以前产生的理想主义"，是会成为现实主义的；又说悲观主义者也会变成战士。这些也都在那曲折的阵势或"历史的矛盾"中。有了这些，那自觉的战斗的路便渐渐分明了。"人总是主动的","必须去担当社会矛盾的裂口和榨轧；去领受一种力以抵抗另一种相反的力"。这里"人"指人民，也指个人。

> 大概，人原是将脚站在实地上才觉得自己存在的罢，也原是以自己的站，自己的脚力，去占领世界的罢。……人怎能不从世界得到生活的实践的力，又怎能不从自己的实践去归入到世界的呢？（一六六至一六八面）

这就是"相信自己有力量"，就是"自信"。这里说到世界。著者认为"高度的民族文化是向着更广泛的高度的人类价值的发展；而在战斗的革命的民族，这就是民族之高度的革命性的表现"。

说到战斗，自然想到仇恨，许多人特别强调这仇恨。著者自然承认这仇恨的存在，但他说"爱与同情心之类，在现在，其实大半是由仇恨与仇恨的斗争所促成的。"他说：

> 人类的悠久的生活斗争的历史，在人类精神上的最大的产物是理性和对同类的爱，但这两者都是

从利害的相同的自觉上而发生，而发展起来的。人们在相互之间追寻着同情和同类的爱者，主要地是受理性指使，起因于相互的利害关系，也归结于相互的利害关系。（一五三面）

然而"人在社会的利害关系中不仅从社会赋予了个人，同时也时时在从个人向社会突进着，赋予着的。而这种赋予的关系及其力量，在为共同利害的斗争上，就特别表现得明白并发展到高度"。于是"在共同利害的关系中便发生超利害的关系，在为共同利害的斗争中便产生超利害的伟大的精神。——人类的出路就在这里"。著者特别强调"战友之间的爱"，认为"即使完全不提到那战斗的目的和理想，单抽出那已经由共同战斗而结成的友爱的情感和方式来看，都已经比一般友爱更坚实，也更逼近一步理性和艺术所要求的人类爱了。"这种爱的强调给人喜悦和力量。

这些可以说是著者所认为的"科学的历史方法和历史真理"。这种历史方法和历史真理自然并非著者的发见，然而他根据自己经验的"乡风与市风"，经过自己的切实的思索，铸造自己严密的语言，便跟机械的公式化的说教大相径庭，而成就了他的创作。书中文字虽然并没有什么系统似的，可是其中的思想却是严密的，一贯的。而弥漫着那思想的还有那一贯的信心，著者在确信他所说的每一句话。你也许觉得他太功利些：他说的"怀古之情也是一种古的情感"，他说的对于将来的"做梦似的幻想"，他说的"虚无的'超利害'的幻想"，不免严酷了些；他攻击那"厌世的个人主义"或玩世主义，也不免过火了些。可是你觉得他有他的一贯的道理，他在全力地执着这道理，而凭了这本书，你就简直挑不出他的错儿。于是你不得不徬徨着，苦闷着。这就见出这本书的影响和力量。著者所用的语言，其实也只是常识的语言，但经过他的铸造，便见得曲折、深透，而且亲切。著者是个诗人，能够经济他的语言，所以差不多每句话都有分量；你读的时候不容跳过一句两句，你引的时候也很难省掉一句两句。文中偶然用比喻，也新鲜活泼，见出诗人的本色来。本文所以多引原书，就因为原书的话才可以表现著者的新作风，因而也更可以表现著者的真自己。这种新作风不像小品文的轻松、幽默，可是保持着亲切；没有讽刺文的尖锐，可是保持着深刻，而加上温暖；不像长篇议论文的明快，可是不让它的广大和精确。这本书确是创作，确在充分的展开了杂文的新机能；但是一般习惯了明快的文字的人，也许需要相当大的耐心，才能够读进这本书去。

生活方法论

——评冯友兰《新世训》（开明书店）

这本书一名《生活方法新论》。这是二十年来同类的书里最有创见、最有系统的一部著作。同时又是一部有益于实践的书。书中所讨论的生活方法似乎都是著者多年体验得来的，所以亲切易行；不像有些讲修养方法的立论虽高，却不指给人下手处，讲生活方法而不指出下手处，无论怎样圆妙，也只是不兑现的支票，那是所谓"戏论"。戏论的生活方法不是方法，读者至少当下不能得到甚么益处。固然，实践是一步步的实践，读了一本书当下就成贤成圣，那是不可能的。但是本书中所指示的生活方法多是从日常行事中下手，一点不含糊，当下便可实践，随时随地都可实践。书中说：

但如果一个人于事亲的时候，对于每一事，他只须想他所希望于他的儿子者如何，则当下即可得一行为的标准，而此标准对于此行为，亦是切实底而又合适底。一个人于待朋友的时候，对于每一事他只须想，他所希望于朋友者若何，则当下即可得一行为的标准，而此标准对此行为，亦是切实底而又合适底。（四一至四二面）

这样实践下去便是"做人"。而做人即是"照着圣人的标准'做'者"（二九面）。

有一位朋友从《中学生》上读了本书前一两篇，曾经写信来说，抽象的议论太多，恐怕读者不会感到亲切，也未必能找到下手处。关于下手处，上节已论。本书虽以抽象的议论为主，但多引"眼前所见底事为例证"（八面），这便见得亲切，也便指示了下手处。书中又常引证小说和笑话，增加趣味。这都是所谓"能近取譬"。但例证自然不能太多。不太多的例证似乎也尽够了，不是所谓"罕譬而喻"。抽象的议论只说及一类一类的事，诚然会"常使人感觉宽泛，不得要领"（四〇至四一面）。但要一件一件事的说，必不免挂一漏万，而且太琐屑太冗长，会教人不能终卷。古圣先贤的教训也有零碎的说及一件一件事的，虽是切实，可是天下没有相同的事，实践起来，还得自加斟酌（参看四一面）。本书只举例证，用来烘托那些议论，启发读者，折中于两者之间，是很得当的。再说，同是抽象的议论，可以是"死的教训"或"似乎不能应用的公式"（参看七至八面），也可以是著者"真实自己见到者"（一七六面）。若是前者，自然干燥无味；可是若是后者，却能使人觉有一种"鲜味"（参看一七五、一七六面）。本书的议论似乎是属于后者，虽然是抽象的，并不足病。读者只要细细咀嚼，便可嚼出味来。就青年人说，高中二三年级和大学生都该能读这部书。但现在一般青年人读惯了公式的议论文，不免囫囵吞枣的脾气。他们该耐着性儿读这部书。那么，不但可得着切实的生活方法，还可以得着切实的阅读训练。

"五四"运动以来，攻击礼教成为一般的努力，儒家也被波及。礼教果然渐渐失势，个人主义抬头。但是这种个人主义和西方资本主义的社会的个人主义似乎不大相同。结果只发展了任性和玩世两种情形，而缺少严肃的态度。这显然是不健全的。近些年，抗战的力量虽然压倒了个人主义，但是现在式的中年人和青年人间，任性和玩世两种影响还多少潜伏着。时代和国家所需要的严肃，这些影响非根绝不可。还有，这二十年来，行为的标准很分歧；取巧的人或用新标准，或用旧标准，但实际的标准只是"自私"一个。自私也是于时代和国家有害的。建国得先建立行为的标准；建立行为的标准同时也就是统一行为的标准——生活方法标准化。这部书在这件工作上该有它的效用。这部书根据宋明道学家的学说，融合先秦道家的学说，创成新论。宋明道学家是新儒家。"五四"以来一般攻击的礼教，也是这些新儒家的影响所造成。但那似乎是他们的流弊所至。他们却有他们的颠扑不破的地方。可惜无人阐明发挥，一般社会便尔忽略，不能受用他们的好处。本书著者能够见到那些颠扑不破的道理，将它们分析清楚，加以引申补充，教读者豁然开朗，知道宋明道学家的学说里确有许多亲切的做人的道理，可以当下实践。这差不多是一个新发现。再者，道家的学说，一般总以为是消极的，不切世用。本书著者却指出道家对于利害有深广而精彻的衡量，可以作我们生活的指针。而教人放宽胸眼一层，也可以补儒家的不足。这两层，著者在《中国哲学史》里已经说及。不过本书发挥得更畅罢了。这也是一个有用的发现。

本书所论的生活方法，有些是道德的，有些是非道德的——可是不违反道德的规律的（五至六面）。第一篇是《尊理性》，这是本书的骨干。以下各篇都从尊理性派衍而出。现在是理性的时代，理性的重要最显明易见。尊理性是第一着，是做人的基本态度。《行忠恕》是说怎样对人。《为无为》着重"无所为而为底无为"（六三面），是说怎样对事。《道中庸》是说行为要"恰好或恰到好处"（八四面）。《守冲谦》是教人"重客观""高见识""放眼界"（一一三面）。《调情理》是教人"有情而不为情所累"（一三六面）。《致中和》是说健全的人格以及人和社会的分际。《励勤俭》是教人"自强不息"（一六一面）、"有余不尽"（一六六面）。《存诚敬》是说要"有真至精神"，并要"常提起精神"（一七七面）。《应帝王》是说"作首领的人应该无为"（一八六面）。这几篇是相当衔接着的，著者思想的顺序从这儿各篇简略说明里可见。《调情理》篇说到"无'我'的成分之恕"（一四一面），实践起来，效用最易看出。而《为无为》篇论兴趣和义务，更是我们所急应知道的，著者的见解给我们勉励，同时给我们安慰。这里引那末一段儿：

　　一个人一生中所作底事，大概可以分为两部

分。一部分是他所愿意作者，一部分是他应该作者。合乎他的兴趣者，是他所愿意作者；由于他的义务者，是他应该作者。道家讲无所为而为，是就一个人所愿意作底事说。儒家讲无所为而为，是就一个人所应该作底事说。道家以为，人只须作他所愿意作底事，这在事实上是不可能的。儒家以为，人只应该作他所应该作底事，这在心理上是过于严肃底。他们必须将道家在这一方面所讲底道理，及儒家在这一方面所讲底道理，合而行之，然后可以得一个整个底无所为而为底人生，一个在这方面是无为底人生。（七九面）

本书的特长在分析意义，这是本书成功的一个主要原因。全书从《绪论》起，差不多随时在分析一些名词的意义。这样，立论便切实不宽泛，不致教人起无所捉摸之感。《绪论》里解释"所谓新论之新"，分为五点（四至一一面），便是一例。但最重要的还是分析"无为"和"中"两个词的意义。"无为"共有六义，著者一一剖解，可以说毫无遗蕴（五八至六二面）。"中"的歧义也多，著者拨正一般的误解，推阐孔子、朱子的本意，也极精彻圆通（《道中庸》篇）。此外，如解

"忠"为"己之所欲，亦施于人"（三八面），并加以发挥（《行忠恕》篇）。以及逐层演释"和"的意义（《致中和》篇），都极见分析的工夫。这种多义或歧义的词，用得太久太熟，囫囵看过，总是含混模糊，宽泛而不得要领。著论的人用甲义，读者也许想到乙义；同一篇论文里同一个词，前面用甲义，后面就许用乙义、丙义，再后面或者又回到甲义。这样是不会确切的，也不能起信。所以非得作一番分析的工夫，不能有严谨的立论。这需要多读书，多见事，有理解力，有逻辑和语文的训练，四样儿缺一不可。从前有过逻辑文的名称，像本书的文体才可以当得起这个名词。本书著者冯先生还有《新理学》《新事论》两部书（商务版），文体相同，但前者性质专门些。长于分析文体的还是金岳霖先生，他的哲学论文多能精确明畅，引人入胜。金先生的白话文似乎比较纯粹，冯先生的还夹着不少文言成分，即各自成为一家。我觉得现在的青年人多不爱读议论文和说明文，也不爱作，不会作。这实在不切世用。高中二三年级和大学生即使只为学习写作，也该细读本书和《新事论》。他们读惯了公式的论文，缺少分析的训练。这两部书正是对症的药。而且无论学习白话文或文言文，这两部书都能给他们帮助，因为这两部书里文言成分不少。

短长书

　　书业的朋友谈起好销的书，总说翻译的长篇小说第一，创作的长篇小说第二；短篇小说和散文，似乎顾主很少，加上戏剧也重多幕剧，诗也提倡长诗（虽然诗的销路并不佳），都可见近年读书的风气。这些都只是文学书。这两三年出版的书，文学书占第一位，已有人讨论（见《大公报》）；文学书里，读者偏爱长篇小说，翻译的和创作的，这一层好像还少有人讨论。本文想略述鄙见。

　　有人说这是因为钱多，有人说这是因为书少。钱多，购买力强，买得起大部头的书，而买这些书的并不一定去读，他们也许只为了装饰，就像从前人买《二十四史》陈列在书架上一样。书少，短篇一读即尽，不过瘾，不如长篇可以消磨时日。这两种解释都有几分真理，但显然不充分，何以都只愿花在长篇小说上？再说买这类书的多半是青年，也有些中年。他们还在就学或服务，一般都没有定居；在那一间半间的屋子里还能发生装饰或炫耀的兴趣的，大概不太多。他们买这类书，大概是为了读。至于书少，诚然。但也不一定因此就专爱读起长篇小说来，况且短篇集也可以很长，也可以消磨时日，为甚么却少人过问呢？

主要的原因怕是喜欢故事。故事没有理论的艰深，也不会惹起麻烦，却有趣味。长篇故事里悲欢离合，层折错综，更容易引起浓厚的趣味。这种对于趣味的要求，其实是一种消遣心理。至于翻译的长篇故事更受欢迎，恐怕多少是电影的影响。电影普遍对于男女青年的影响有多大，一般人都觉得出；现在青年的步法、歌声，以至于趣味和思想，或多或少都在电影化。抗战以来看电影的更是满坑满谷，这就普遍化了故事的趣味（话剧的发达，也和电影有关，这里不能详论）。我们这个民族本不注重说故事，第一次从印度学习，就是从翻译的佛典学习（闻一多先生说）。现在是从西洋学习。学生暂时自然还赶不上老师，所以一般读者喜爱翻译的长篇小说，更甚于创作者。当然，现在的译笔注重流畅而不注重风格，使读者不致劳苦，而现在的一般读者从电影的对话里也渐渐习惯了西洋人怎样造句和措辞，才能达到这地步。

现在中国文学里，小说最为发达，进步最快，原已暗示读者对于故事的爱好。但这个倾向直到近年来读者群的扩大才显明可见。读者群的扩大，指的是学生之外加上了青年和中年的公务人员和商人。这些人在小学或中学时代的读物里接触了现代中国文学，所以会有这种爱好。读者群的扩大不免暂时降低文学的标准，减少严肃性而增加消遣作用。现代中国文学开始的时候，强调严肃性，指斥消遣态度，这是对的。当时注重短篇小说，后来注重小品散文，多少也是为了训练读者，为了吟味那严肃的意义，欣赏那经济的技巧。这些是文学的基本条件。但将欣赏和消遣分作两橛，使文学的读者老得正襟危坐着，也未免苦点儿。长篇小说的流行，却让一般读者只去欣赏故事或情节，忽略意义和技巧，而得到娱乐。娱乐就是消遣作用，但这不足忧，普及与提高本相因依。普及之后尽可渐渐提高，趣味跟知识都是可以进步的。况且现在中国文学原只占据了偏小的一角，普及起来才能与公众生活密切联系，才能有坚实的基础，取旧的传统文学和民间文学而代之。

语文零拾

文学不妨见仁见智，完美的作品尽可以让严肃的看成严肃，消遣的看成消遣，而无害于它的本来的价值。这本来的价值却不但得靠严肃的研究，并且得靠消遣的研究，才能抉发出来。这是书评家和批评家的职责，而所谓书评和批评包括介绍而言，我们现时缺乏书评（有些只是戏台里喝彩，只是广告，不能算数），更缺乏完美的公正的批评。前者跟着战区的恢复，出版的增进，应该就可以发达起来，后者似乎还需较长时期的学习与培养。有了好的书评家和批评家，才能提高读者群的趣味，促进文学平衡的发展。那时不论短长书，该都有能欣赏的公众。但就现阶段而论，前文所说的倾向却是必然的，并且也是健康的。

修辞学的比兴观

——评黎锦熙《修辞学比兴篇》（商务印书馆）

这部书原是一本讲义，民国十四年写定（《自序》）。而这本讲义又是《文心雕龙比兴篇校释》一文的扩大（七十二面）。所以体例和一般的修辞学书颇不同。《自序》里说："宏纲之下，细目太张。例句号码，数逾三百。诂训校订，曼衍纷纭。"这是真话。书是三十二开本，一百十面，只论显比，自然够详的，也够繁的。书中主要部分以"句式"为纲，而黎先生称那些句式为"修辞法"（一面）。这却暗示着指点方法的意思，与一般的修辞教科书又相同了。不过本书所取的是所谓"综合而博涉的讲法"，与教科书之整齐匀称不一样，并不像是给初学者指点方法的。这是体例上自相矛盾的地方。

《自序》里说："修辞学所说的，只能在批评上、指导上、反省上呈露一些实效，并没有甚么大用处。那么，这种综合而博涉的讲法，也许比那法令条文似的许多规律，或者肤廓不切的许多理论，倒可多得点益处。"这是黎先生的辩护。但本书若有些用处，似乎还只在"批评上"。《自序》里又说："一个人要专靠着修辞学的修习而做出好文章或者说出漂亮话来，那是妄想。"这是不错的。修辞学和文法一样，虽然可以多少帮助一点初学的人，但其主要的任务该是研究语言文字的作用和组织，这可以说是批评的。明白这一层，文法和修辞学才有出路。本书作者虽然还徘徊于老路尽头，但不知不觉间已向新路上走了，这个值得注意。

本书的毛病在杂。《自序》里说："刘勰（《比兴》）之篇，陆机（《连珠》）之作，既成专释，理应别出；嵌入其中，不免臃肿。"这是体制的杂。不过真觉得"臃肿"的是附录的那篇《春末闲谈》，白费了五面多。刘、陆之作，就全书而言，放在里边还不算坏。书中例句，古文大概到韩愈而止，是《马氏文通》的影响。韩愈以后的也可引，但甚少（只四例）。韵文却到皮黄剧本而止。韩愈以后那四例，零零落落，不痛不痒的，尽可以换去。书中有白话文例二十二个。六个不曾注出处，似乎是随手编的。其余出于《石头记》《儒林外史》《老残游记》的五个，出于鲁迅《阿Q正传》及徐志摩《曼殊斐儿》的四个，出于译文的七个。选得太少，范围太狭，不足以代表白话文。况且欧化的白话文和译文，其句式乃至显比，较古文及旧韵文变化很多，值得独立研究。附合讨论，不足以见其特色，而又附得那样少，近于敷衍门面，简直毫无用处。不如将这二十二例一律删除，专论旧体，倒干脆些。这是选例的杂。至于用所谓"晋唐译经"体（《自序》）为纲，白话文为说明，又是文体的杂了。

幸而也有不杂的地方。一是"诂训"《诗经》喻句，并探讨比兴的意义，二是选释陆机的《演连珠》，三是校释《文心·比兴篇》。体制虽因此而杂，却见出黎先生心力有所专注，和"肤廓不切的理论"不一样。就中说"连珠之文，比多成例"，虽受了严译《穆勒名学》的暗示（严译"三段论"为"连珠"），但为别的修辞学所不及，还算是新鲜的。《比兴篇》的校释却全录范文澜先生《文心雕龙讲疏》，别无发明。论《诗经》似乎是黎先生最著意的，全书百分之四十都是《诗经》的讨论。句式（二）云："以物为比，或事相方，物德事情，前文具足，喻句之内，不复重述。"（十四面）"若说《诗》者，不明此例：本诗之中，德已前举，喻即后随；乃对于喻，多方附会。夫以附会，广说'比'义，说《诗》通病，千载于兹！"（十六、十七面）他举"颙颙印印，如圭如璋"等句旧说，加以驳议。又论"如切如磋，如琢如磨"旧说，以为"道理愈说愈精，比喻似乎也愈切愈妙，却和诗人本意愈离愈远了"（三十八面）。这些话甚得要领。

但是黎先生所解释的喻义，却大抵只据人情，未加考证，难以征信。他自己说："所比的东西和所用的词在古代是常俗所晓，到后来却渐渐地晦塞了"（四十二面），可见没有考证的工夫是不行的。但如书中说"析薪如之何？匪斧不克。娶妻如之何？匪媒不得"云："这不但不相似，而且相反了：斧析薪是劈开，人说媒是合拢。只有'克''得'两字比上了。"又举类似的"伐柯如何？匪斧不克。娶妻如何？匪媒不得"，说是"牵强不切的比喻"（均六十九面）。但是诗人多以薪喻婚姻，黎先生所举两例之外，还有《汉广》的"翘翘错薪"，《绸缪》的"绸缪束薪"，《车舝》的"析其柞薪"，都是的。这当与古代民俗有关，尚待考证；用"牵强不切"四字一笔抹杀，是不公道的。不过本书提出"广说比义"和"切说比义"两原则，举例详论，便已触着语言文字的传达作用一问题，这就是新路了。书中论《诗经》兴义也颇详细。所引诸家说都很重要，参考甚有用。但所说"兴"的三义（七十四面），还和朱熹差不多，是不能结束旧公案（参看八十四面）的。

所以本书只能当作不完备的材料书用。可是在这方面也还有些缺点。如引比兴旧说，有"吕祖谦"一条（七十九至八十面）不注出处。这见于《吕氏家塾读诗记》二，还易检寻；不过引文有删节，未曾标明。又"朱熹"两条，第二条不注出处。这一条其实是三条，黎先生似乎从《诗经传说汇纂》首卷下抄出。首尾两条原见于《诗传遗说》和《朱子语类》，中间一条却惭愧，还不知本来的出处。又"惠周惕"一条引"鹤林吴氏"，黎先生"按吴氏原文"云云。吴泳有《诗本义补遗》，已佚，所谓"原文"，实系据《困学纪闻》三转引，不加注明，会令人迷惑。这些地方可见本书虽定稿于民国十四年，却始终是仓卒成编，未经细心校订。这是教读者遗憾的。

二十六年。

中国语的特征在那里

——序王力《中国现代语法》（商务印书馆）

现在所谓"语法"或"文法"，都是西文"葛朗玛"的译语。这是个外来的意念。我国从前只讲"词""词例"，又有所谓"实字"和"虚字"。词就是虚字，又称"助字"；词例是虚字的用法。虚实字的分别，主要的还是教人辨别虚字。虚字一方面是语句的结构成分，一方面是表示情貌、语气、关系的成分。就写作说，会用虚字，文字便算"通"，便算"文从字顺"了。就诵读说，了解虚字的用例，便容易了解文字的意义。这种讲法虽只着眼在写的语言——文字——上，虽只着眼在实际应用上，也可以属于"语法"的范围，不过不成系统罢了——系统的"语法"的意念是外来的。

中国的系统的语法，从《马氏文通》创始。这部书无疑的是划时代的著作。著者马建忠借镜拉丁文的间架建筑起我国的语法来，他引用来分析的例子是从"先秦"至韩愈的文字——写的语言。那间架究竟是外来的，而汉语又和印欧语相差那么远，马氏虽然谨严，总免不了曲为比附的地方。两种文化接触之初，这种曲为比附的地方大概是免不了的。人文科学更其如此，往往必需经过一个比附的时期，新的正确的系统才能成立。马氏以后，著中国语法的人都承用他的系统，有时更取英国语法参照。虽然详略不同，取例或到唐以来的文字，但没有甚么根本的变化。直到新文学运动时代，语法或国语文法的著作，大体上还跟着马氏走。不过有一些学者也渐渐看出马氏的路子有些地方走不通了。如陈承泽先生在《国文法草创》里指出他"不能脱模仿之窠臼"（八面），金兆梓先生在《国文法之研究》里指出他"不明中西文字习惯上的区别"（《自序》一面），杨遇夫先生（树达）在《马氏文通刊误》里指出他"强以外国文法律中文"（《自序》二面），都是的。至于杨先生论"名词代名词下'之''的'之词性"，以为"助词说尤为近真"（《词诠附录》一），及以"所"字为被动助动词（"所"字之研究，见《马氏文通刊误》

卷二），黎劭西先生（锦熙）论"词类要把句法做分业的根据"（《新著国语文法》订正本七面），及以直接作述语的静词属于同动词（同上一六二面）等，更已开了独立研究的风气。"脱模仿之窠臼"，自然可以脱离，苦的是不知道。这得一步步研究才成。英国语法出于拉丁语法，到现在还没有完全脱离它的窠臼呢。

十年来，我国语法的研究却有了长足的进步。我们第一该提出的是本书著者王了一先生（力）。他在《清华学报》上发表了《中国文法初探》和《中国文法里的系词》两篇论文（并已由商务印书馆合印成书）。根据他看到的中国语的特征，提供了许多新的意念，奠定了新的语法学的基础。他又根据他的新看法写《中国现代语法讲义》，二十八年由国立西南联合大学印给学生用。本书就用那讲义做底子，重新编排并增补而成。讲义是二十六年秋天在长沙动笔的。全书写定整整经过五个年头。二十七年，陆志韦先生主编的《国语单音词汇》的《序论》跟样张等，合为一册，由燕京大学印出。《序论》里建议词类的一种新分法，创改的地方很多，差不多是一种新的语法系统的样子。陆先生特别着重所谓"助名词"——旧称"量词"，本书叫做"称数法"，——认为"汉缅语"的特征。向来只将这种词附在名词里，他却将它和"代名词""数名词"同列在"指代词"一类里。这种词的作用和性质这才显明。到了今年，又有吕叔湘先生的《中国文法要略》上册出版（商务）。这部书也建立了一个新的语法系统。但这部语法是给中学国文教师参考用的，侧重在分析应用的文言；那些只有历史的或理论的兴趣的部分，多略去不谈。本书是《中国现代语法》作者的立场，和陆先生、吕先生不一样。著者王先生在他那两篇论文（还有三十五年在《当代评论》上发表的《中国语法学的新途径》一篇短文）的基础上建筑起新的家屋。他的规模大，而且是整个儿的。书中也采取陆志韦先生的意见，将代词和称数法列为一章，称数法最为复杂纷歧，本书却已整理出一个头绪来。其中分析"一"和"一个"两个词的意义和用法最精细。这两个词老在我们的口头和笔下，没想到竟有那么多的辨别，读了使人惊叹。

本书所谓现代语，以《红楼梦》为标准，而辅以《儿女英雄传》。这两部小说所用的纯粹北平话。虽然前者离现在已经二百多年，后者也有六七十年，可是现代北平语法还跟这两部书差不多，只是词汇变换得厉害罢了。这两部书是写的语言，同时也差不多是说的语言。从这种语言下手，可以看得确切些：第一，时代确定，就没有种种历史的葛藤。《马氏文通》取例，虽然以韩文为断，但并不能减少这种葛藤。因为唐以后的古文变化少，变化多的是先秦至唐这一大段儿。国语文法若不断代取例，也免不了这种葛藤，如"我每""我们"之类。近年来，丁声树先生、吕叔湘先生对于一些词的古代用例颇多新的贡献（分见《中央研究院史语所集刊》及华西大学《文化研究所集刊》），足以分解从前文法语法书的一些葛藤，但是没有分解的恐怕还多着呢。第二，地域确定，就不必顾到方言上的差异。北平语一向是官话，影响最广大，现在又是我国法定标准话，用来代表中国现代语，原是极恰当的。第三，材料确定，就不必顾到口头的变化。原来笔下的说的语言和口头的说的语言并非一种情形。前者较有规则，后者变化较多。小说和戏剧的对话有时也如此地记录这种口头的变化，不过只偶一为之。说话时有人，有我，有境，又有腔调、表情、姿态等可以参照，自然不妨多些变化。研究这种变化，该另立"话法"一科。语法若顾到这些，便太琐碎了。本书取材限于两部小说，自然不会牵涉到这些。——范围既经确定，语言的作用和意义便可以看到更亲切。王先生用这种语言着手建立他的新系统，是聪明抉择。而对于这时代的人，现代语法也将比一般的语法引起更多的兴趣。

本书也参考外国学者的理论，特别是叶斯泊生及柏龙菲尔特。这两位都是语言学家，对于语法都有创见。而前者贡献更大，他的《英国语法》和《语法哲学》都是革命的巨著。本书采取了他的"词品"的意念。词品的意念应用于着重词序的中国语，可以帮助说明词、仂词、"谓语形式""句子形式"等的作用，并且帮助确定"词类"的意念。书中又采取了柏龙菲尔特的"替代法"的理论（原见《语言》一书中），特别给代词加了重量。代词在语言里作用确很广大，从前中外的文法语法书都不曾给它适当的地位，原应该调整；而中国语法的替代法更见特征，更该详论。书中没有关系代词一目，是大胆的改革。关系代词本是曲为比附，不过比附得相当巧妙，所以维持了五六十年。本书将从前认为关系代词的"的"字归入"记号"，在那"的"字上面的部分归入"谓语形式"或"句子形式"，这才是"国文风味"呢。

书中《语法成分》一章里有"记号"一目。从前认为关系代词的"的"字、名词代词和静词下面的"的"字；还有文言里遗留下来的"所"字，从前认为关系代词，杨遇夫先生定为被动助动词——这些都在这一目里。这是个新意义，新名字。我们让印欧语法系统支配惯了，不易脱离它的窠臼，乍一接触这新意念，好像没个安放处，有巧立名目之感。继而细想，如所谓关系代词的"的"字和"所"字，实在似是而非——以"所"字为被动助动词，也难贯通所有的用例；名词下面的"的"字像介词，代词下面的像领格又像语尾，静词下面的像语尾，可又都不是的。本书新立"记号"一目收容这些，也是无办法的办法，至少有消极的用处。——再仔细想，这一目实在足以表现中国语的特征，决不止于消极的用处。像上面举出的那些"的"字和"所"字，并无一点实质的意义，只是形式；这些字的作用是做语句的各种结构成分。这些字本来是所谓虚字；虚字原只有语法的意义，并无实质的意义可言。但一般的语法学家让"关系代词""助动词""介词""领格""语尾"等意念迷惑住了，不甘心认这些字为形式，至少不甘心认为独立的形式，便或多或少的比附起来；更有想从字源上说明这些字的演变的。这样反将中国语的特征埋没了，倒不如传统的讲法好了。

本书没有介词和连词，只有"联结词"，这是一个语法成分。印欧语里有介词一类，为的介词下面必是受格，而在受格的词多有形态的变化。中国语可以说是没有形态的变化的，情形自然不同。像"在家里坐着"的"在"字，"为他忙"或"为了他忙"的"为"字，只是动词；不过"在家里"，"为他"或"为了他"这几个谓语形式是限制"次品"的"坐着"与"忙"的"末品"罢了。联结词并不就是连词，它永远只在所联结者的中间，如"和""得"（的）、"但""况""且""而且""或""所以"以及文言里遗留下的"之"字等。中国语里这种词很少。因为往往只消将两个或两个以上的成分排在一起就见出联结的关系，用不着特别标明。至于"若""虽""因"一类字，并不像印欧语里常在语句之首，在中国语里的作用不是联结而是照应，本书称为"关系末品"，属于副词。本书《语法成分》一章里最先讨论的是系词。这成分关系句子的基本结构，关系中国语的基本结构，是一个重大的问题，王先生曾有长文讨论。据他精细研究的结果，系词在中国语里是不必要的。那么，句子里便不一定要动词了。这是中国语和印欧根本差异处。柏龙菲尔特等一些学者也曾见到这里，但分析的详尽，发挥的透彻，得推王先生。经过这番研究，似乎便不必将用作述语的静词属于同动词了。

系词的问题解决了，本书便能提供一种新的句子的分类。从前文法语法书一般的依据印欧语将句子分为叙述、疑问、命令、感叹四类。印欧语里这四类句子确可各自独立，或形态不同，或词序有别。但在中国语里并不然。这里分类只是意义的分别，只有逻辑的兴趣，不显语法的作用。本书只分三类句子："叙述句""描写句""判断句"。叙述句可以说是用动词作谓语；描写句可以说是用静词作谓语；判断句可以说是用系词"是"字作谓语（这一项是就现代语而论）。这三类句子，语法作用互异，才可各自独立。而描写句见出中国语的特征。这些特征是值得表彰的。书中论"简单句"和"复合句"，也都从特征着眼。简单句是"仅含一个句子形式的句子"，复合句是"由两个以上的分句联结而成者"。先说复合句。复合句中各分句的关系不外平行（或等立）和主从两型。本书不立"主从"的名称，而将这一型的句子分别列入"条件式""让步式""申说式""按断式"四目。这个分类以意义为主，有逻辑的完整。王先生指出在中国语里这些复合句有时虽也用"关系末品"造成，但是用"意合法"的多。因此他只能按意义分类。至于一般所谓包孕句，如"家人知贾政不知理家"，本书却只认为"简单句"。因为书中只有一个句子形式。"贾政不知理家"，而"家人知"并没有成功一个句子形式。"贾政不知理家"这个句子形式在这里只用作"首品",和一个名词一样作用。

书中论简单句,创见最多。中国语的简单句可以没有一个动词,也可以有一个以上的动词,如上文举过的"在家里坐着"便是一例。这也是和印欧语根本差异处。这是"谓语形式"的应用。"谓语形式"这意义是个大贡献。这给了我们一个全新的"句子"的意义,在简单句的辨认,也就是在句子与分句的辨认上,例如"紫鹃……便出去开门",按从前的文法语法书,该是一个平行的复合句,因为有两个动词,两个谓语。但照意义看,"出去""开门"是"连续行为",是两个谓语形式合成一个"完整而独立的语言单位",这其实是简单句。再举一个复杂些的例:"东府里珍大爷来请过去看戏放花灯",就意义上看,更显然是一个简单句。"来""请"是连续行为,"过去""看戏""放花灯"也是的。五个谓语形式构成一个简单句的谓语。一般的语法学家也可以比附散动词(即无定性动词)的意念来说明这种简单句。但印欧语的散动词往往有特殊的记号或形态,中国语里并无这种词,中国语其实没有所谓散动词。只有"谓语形式"可以圆满的解释这种简单句。本书称这种句子为"递系式",是中国语的特殊句式之一。

"递系式"以外，本书还列举了"能愿式""使成式""处置式""被动式""紧缩式"五种特殊句式，都是简单句。从前的文法语法书也认这些为简单句，但多比附印欧语法系统去解释。如用印欧语里所谓助动词解释"能愿式"的句子"也不能看脉"里的"能"字，"被动式"句子"我们被人欺负了"里的"被"字，用散动词解释"能愿式"句子"那玉钏儿先虽不欲理他"里的"理"字，"使成式"句子"就叫你儒大爷爷打他的嘴巴子"里的"打"字；用介词解释"处置式"的句子"我把你膀子折了"里的"把"字；"紧缩式"句子"穷的（得）连饭也没的吃"里的"的"（得）字。其实这些例子除了末一个以外，都该用谓语形式解释。那"紧缩式"句子里的"的"（得）字，本书认为联结词，联结的也还是"谓语形式"。这五种句式其实都是"递系式"的变化。有了"谓语形式"这意义，这些句子的结构才可以看得清楚，中国语的基本特征也才可以完全显现。书中并用新的图解法表示这些结构，更可使人了然。书中又说到古人文章不带标点，遇着某一意义可以独立也可以不独立时，句与分句的界限就不能十分确定。我们往往得承认几种看法都不错，这是谨慎而切用的态度。关系也很大。

新文学运动和新文化运动以来，中国语在加速的变化。这种变化，一般称为欧化，但称为现代化也许更确切些。这种变化虽然还只多见于写的语言——白话文，少见于说话的语言，但日子久了，说的语言自然会跟上来的。王先生在本书里特立专章讨论"欧化的语法"，可见眼光远大。但所谓欧化语的标准很难选择。新文学运动到现在只有廿六年，时间究竟还短；文学作品诚然很多，成为古典的还很少，就是有一些可以成为古典，其中也还没有长篇的写作。语法学家取材自然很难。他若能兼文学批评家最好，但这未免是奢望。本书举的欧化语的例子，范围也许还可以宽些，标准也许还可以严些，但这对于书中精确的分析的结果并无影响。"欧化的语法"这一章的子目便可以表现分析的精确，现在抄在这里：一、"复音词的制造"。二、"主语和系词的增加"。三、"句子的延长"。四、"可能式、被动式、记号的欧化"。五、"联结成分的欧化"。六、"新代替法和新称数法"。七、"新省略法、新倒装法、新语法及其他"。看了这个子目，也就可以知道欧化的语法的大概了。中国语的欧化或现代化已经二十六年，该有人清算一番，指出这条路子哪些地方走通了，哪些地方走不通，好教写作的人知道努力的方向，大家共同创造"文学的国语"。王先生是第一个人做这番工作，他研究的结果影响中国语的发展一定不在小处。

本书从"造句法"讲起，词类只占了一节的地位，和印欧语的文法先讲词类而且逐类细讲的大不同。这又是中国语和印欧语根本差异处。印欧语的词类，形态和作用是分不开的，所以在语法里占重要的地位。中国语词可以说没有形态的变化，作用又往往随词序而定，词类的分辨有些只有逻辑的兴趣，本书给的地位是尽管够了的。本书以语法作用为主，而词类、仂语等都在句子里才有作用，所以从造句法开始。词类里那些表现语法作用的如助动词（"把"字、"被"字等）、副词、情貌词、语气词、联结词、代词都排在相当的地位分别详论。但说明作用，有时非借重意义不可。语句的意义固然不能离开语词的结构——就是语法作用——而独立，但语法作用也不能全然离开意义而独立。最近陈望道先生有《文法的研究》一篇短文（《读书通讯》五十九期），文后附语里道："国内学者还多徘徊于形态中心说与意义中心说之间。两说都有不能自圆其说之处。鄙见颇思以功能中心说救其偏缺。"功能就是作用。可惜他那短文只描出一些轮廓，无从详细讨论。他似是注重词类（文中称为"语部"）的。这里只想举出本书论被动句的话，作为作用和意义关系密切的一例。书中说被动句所叙述的，对句子的主格而言，是不如意或不企望的事。这确是一个新鲜的发现。中国语所以少用被动句，我们这才了然。——本书虽以语法作用为主，同时也注重种种用例的心理，这对于语文意义的解释是有益处的。

本书目的在表彰中国语的特征，它的主要的兴趣是语言学的。如上文所论，这一个目的本书是达到了。我们这时代的人对于口头说的也是笔下写的现代语最有亲切感。在过去许多时代里，口头说的是一种语言（指所谓官话。方言不论），笔下写的另是一种语言。他们重视后者而轻视前者。我们并不轻视文言，可是达意表情一天比一天多用白话，在现实生活里白话的地位确已超出文言之上。本书描写现代语，给我们广博的、精确的、新鲜的知识，不但增加我们语言学的兴趣，并且增加我们生活的兴趣，真是一部有益的书。但本书还有一个目的，书中各节都有"定义"，按数目排下去，又有"练习""订误"和"比较语法"，是为的便于人学习白话文和国语，用意很好。不过就全书而论，这些究竟是无关宏旨的。

三十二年三月，昆明。

中国文学与用语

——（日本）长濑诚 作

一

去年周作人氏来东时，说起中国现代白话文学正在过渡期，用语猥杂生硬，缺乏洗炼，所以像诗与戏剧等需要精妙语言的文学，目下佳作甚少，发展的只有小说罢了。荻原朔太郎氏响应周氏之说，以为日本文坛现状也是如此，因言语猥杂而欠调整，乏艺术味，于是诗与戏剧的佳作就不可得了。原来是言语造诗人，并非诗人造言语呵！（《纯正诗论》）言语造诗人还是诗人造言语，虽尚有考察的余地，但言语对于诗及戏剧关系重大，吾人大约皆无异论。周氏和荻原氏所说都是国内时代的限制，但同时也各说了本国语所具的本质的区别。现代中国语文的猥杂是受了异形式的外来语文的侵蚀，过渡的混乱状态，我想。

二

花美。　　　　　　　　　　（中）

花ハ美シィ。　　　　　　　（日）

Die Blume ist schön　　　（德）

L，a fleur est beile　　　（法）

The flower is pretty　　　（英）

欧洲语里作这种命题主辞的名词有冠词的限制；作宾辞的形容词，在法国语也有性别的限制，而主宾辞皆以系辞连结之：包括这种主宾辞的判断，显然是分析的而带客观性。中国语呢，没有冠词，形容词也没有性别的限制，只说"花美"就成。这种与其说是判断，不如说是像表象性质的短语"花美"的样子，是判断以前的东西。日本语却在二者之间。

中国旧文学取了这种表现形式，所以能在一二十字的短句中，将那具有无限飘渺的余韵的作者世界观投映出来，而形成神韵一派。又如庄子，好像那位反对论理的把握"实在"的柏格森的样子，也主张着直觉的知的同感似的（如《应帝王》篇混沌的死及《天道》篇轮扁等寓言），他那象征主义色彩也大大的靠着中国文这种特质的帮助。

三

就诗歌说，这种性质的文学到唐代李、杜等已达完成之域。中世的唐朝，社会机构染着很浓的浪漫色彩，李、杜等的诗便是这种社会机构的投影。而现代中国呢，一面还残存着旧日家庭经济的生产机构，一面却向着资本主义经济最尖端进行。社会状态既如此猥杂，精神方面在过渡中也极其混乱。无论中国人驱使文字如何的巧，用旧来成语表现继续输入的新名词概念到底不合式，却是当然。一面用"引得""德律风""摩托车"等欧洲语的译音，一面将"不景气""取缔""雏形""立场"等等日本语照原样使用；看起来却也并不感着如何生硬似的——胡适氏对于这种新名词敏感的关心着，将 Renaissance 的日本译语"文艺复兴"改正为"再生时代"，将 Scholar 哲学的日本译语"烦琐哲学"改正为"经院哲学"（《中国哲学史大纲》上卷）——这种情形不止于单语范围，就文章本身而论，新思想的输入也当然要引起文体的变更的。跟着新文化移植来的是旧来的世界观之科学化；文学革命的白话运动结果，将旧来表象的表现形式改变了，使它适应这种科学化：这便是白话运动的基调，虽然是非意识的，我想。现在的白话里，"花美"改说"花儿是美丽"了，形容词"美丽"用"是"字与主辞"花儿"连结。"是"字原来大约是代名词，在现在白话里已转化而与 Sein（德）、etre（法）、be（英）等字相同，做着系辞的事了。这句子比说"花美"时显然更加分析的判断化了。从文学上看，这种表现形式与旧来表象的表现形式相比，缺乏含蓄，气味不佳，给人以猥杂之感，也是理有固然。但是不管这些，照前述理由，我总想着白话运动的趋向是不错的。

四

我总想：中国决不会因为使用那种猥杂的语言，作那种不文学的文章，就永久产生不出艺术的诗与戏曲。凡过渡的东西，一般人常以为新奇、猥杂。不独语言如此，像在日本，在现在中国的样子，汽车与民众生活乖离，成为嗟怨之标的，成为"普罗文学"的对象，这种时代岂不也有吗？又像现在中国女子高跟鞋成了问题一样，在日本，女子断发洋装的事是如何不合社会环境而受非难呵。可是日子久了，生活式样与新的生活式样以及新的概念调整了，从前认为新奇的便不新奇了，感着猥杂的也像没有那样猥杂了。

这种情形在中国也一样。不单是任凭那样的自然淘汰，还可设法普及教育并统一语言，应用注音符号等音标文字以补足有音无字的缺陷。那么接触新时代的思想感觉而仍不失中国的特质的文学，一定会产生。

过渡期的乱杂在日本也麻烦过来着。十四五年前，说"因为跟他在公开的席上有一两回坐在一处，忽而攀谈，从此便熟起来了。"——如此说便明白的事情，若改说"公开的席上有一两回因为空间的距离，偶然会认识了他。"这样的表现形式，便算是所谓新人物的表征了。

以意为之的事也许有，但外国人的我们所望于中国文坛的是发表中国色彩浓厚的作品。我们推重鲁迅的作品，决非为了他对于现代文化观点之精，而是为了他作品中渗透了非中国人写不出的，中国人的生活意识及世界观。佳作也许总带着民族味的。话虽如此，将旧来的表现形式不管三七二十一照原样使用，我们却是一点不盼望。我们深知"连结二点之线乃二点间最短距离是也"（二點ヲ連結ブ線分ハ二點間，最短距離ニテ候）

等表现形式之无理，决不至于要求中国文坛作同样的蠢事。

我与国人皆为现在中国语文的猥杂悲，可是确信，过了这好比生产之苦似的过渡期，前途是光明的。

　　　日本竹内氏等办中国文学研究会，出版《中国文学月报》，以介绍批评新文学为主。现已出到第九号。本篇见第八号中，虽简略不备，但所提出的问题是很有趣很重要的。著者非会员，原在外交部，现在东亚学校服务，有《中国支那学研究的现状与动向》一书。未见。

　　　　　　　　　　　二十五年一月，译者记。

日本语的欧化

——谷崎润一郎《文章读本》提要

（一）本书著者是有名的小说家，议论平正，略偏于保守。《论文调》一章说日本文章可大别为"流丽""简洁"两派：前者即《源氏物语》派，也就是和文调；后者即非《源氏物语》派，也就是汉文调（一六三面）。著者说前一体最能发挥日本文的特长。从前人称赞文章，惯用"流畅""流丽"等形容词，以读来柔美为第一条件。现在的人气味却不同了，喜欢确切鲜明的表现，这种表现法便流行了；他希望要稍稍使流丽调复活才好（一六二面）。所谓确切鲜明的表现固然近于汉文调，还受了西洋文的影响。著者反对西洋文的影响，他是个国粹论者。

（二）书中反对西洋化的话，随处可见。他说现在的口语文并不是照实际的口语写的，现在的文章似乎是西洋语的译文，成了日本语与西洋语的混血儿。实际的口语虽然也渐渐染上西洋臭味，可还保存着本来的日本语特色不少。（二五一至二五二面）又说现代人好滥费语言，也是西洋人的癖好。小说家、评论家、新闻记者等以文为业的人，所写作的也竟有此倾向。西洋人爱用最上级的形容词，如 all、must 等，日本人从而模仿，于没有必要时也用。著者说："我们祖先所夸诩的幽邃慎深之德，便日渐消失了。"（七二面）

（三）他举过一例，指出现代文与古典文有三个不同之处：一是省略敬语，二是句读显明，三是有主词。（一五六面）古典文如《源氏物语》，正要句读不显，造成朦胧的境界，其柔美在此。（一五二面）著者本人的文章也学这一派。他的点句法并不依照文法的句子而要使句断不明，文句气长，如用淡墨信笔写去的神气（二三二面）。又日本语的句子，主格是不必要的。（八〇面）他说有个俄国人要翻译他的戏剧叫做"要是真爱的话"的，觉得题目很难翻。到底谁爱呢？是"我"？是"她"？是"世间一般人"？要而言之，这个句子的主词是谁？他说按戏讲，主词可以说是"我"。可是按理说，限定爱者是"我"，意味未免狭窄些。虽然是"我"，同时是"她"，是"世间一般人"，是别的任何人都行：这样气概就广阔，令人有抽象感。所以这个句子还是不加主词的好。他说，尽量模糊，于具体的半面中含有一般性，是日本文的特长；关于特别的事物的话，可以有格言与谚语之广之重之深。要是可能，翻成俄文，也还是不用主词的好。（二七四至二七五面）他又举李白的《静夜思》，说此诗能有悠久的生命，能诉诸任何时代任何人的心，原因固然很多，而没有主词，动词不明示"时间"这两件事关系甚大。（二七六至二七八面）

（四）著者是不看重文法的。他说："文法正确的未必是名文，别教文法拘束住罢。"（七八面）况且所谓日本语的文法，除动词助动词的活用、假名用法、系活的用法以外，大部分模仿西洋，学了实际上没有用处，不学怕倒觉自然。（八一面）即如动词的时间规则，日本语也不是没有，可是谁也不去正确的应用。（一九面）他说现在日本中学校都有文法的科目，因为学生说本国话虽无特别困难，但写文章却和外国人一般，须有规则可以据依。而现在的学生虽小学校的幼童也用科学方法教育，从前私塾里非科学的教法，如无理的暗诵朗读，他们是不服的；他们头脑已习于演绎归纳，不用这种方法教，是记不住的。先生也觉得这么办有标准有秩序，所以现在学校里教的日本文法，实是为了师生双方的便利，将非科学的日本语的构造，尽量装成科学的，西洋式的，强立许多"非如此不可"的规则，如无主词的句子是错误之类。（八三至八四面）但他说来说去也还是只能承认，在初学的人，将日本文照西洋式结构，也许容易记些。但这只是一时不得已的方便法门，到了相当的程度，就不能再用这种笨拙的办法，须将因遵照文法而用的烦琐的语言竭力省减，还原于日本文简素的形式，这是作名文的秘诀。（九一面）但还原怕未必是容易的事罢。著者颇赞成私塾的朗读法，引了"读书百遍意自通"的谚语（三九至四〇面）；但口语文不适于朗读（四四面），私塾的朗读法终于是不行的。

（五）主词的有无与敬语有关。用了敬语的动词助动词，便可省略主词而不致混淆，以造成复杂的长句。（二六七至二六八面）所以敬语的动词助动词不仅有表示礼仪的作用，并且是补救日本语构成上的缺点的利器。（二六九至二七〇面）著者说今日阶级制度撤废，烦琐的敬语虽已无用，但是敬语决无全废之理。因为敬语在日本国民性及日本语的机能中有着很深的根据的缘故。现在人已将昔日的书简文中相似的动词助动词应用于日常的口语里，便是一证。（二六八至二七〇面）敬语不限于动词助动词，别的品词中也有，尊称便是。如"颜"上加"御"字，便可省说"你呢""你的"，其省略作用正同。（二七〇面）但现代口语中虽用敬语，文章中却不多用，这是甚么缘故呢？因为文人相信文章不是对面说话，而是向公众说话，所以叙述时不愿将个人的感情参在里面；再说留给后世人看，即使对于尊敬的人的事，也当取科学者的冷静态度。著者的意思，有些书里不妨参入一些亲爱敬慕的感情，如子侄记尊亲的事，学生记先生的事，妻子记丈夫的事，仆婢记主人的事等。就是本书著者"对于诸位先生也在用着某种程度的敬语"的（二七一面）。著者《论文体》一章中，将日本口语体分为"讲义体""兵语体""口上体""会话体"四类。（一八二面）"讲义体"去实际的口语最远，而与"文章体"相近（一八三面）；演说时、讲书时都用此体，现在普及于一般日本人的口语文大部分是这个。"讲义体"可以说就是现代文。（一八五至一八六面）可是"讲义体不适于多用敬语"（二七二面），著者的意思怕到底不容易多多实现。

（六）著者论"会话体"的特长有四：一、说法自由，句末用名词、用副词都成，不像别体有死板的句式。二、句终有音的变化，即表示口气的声音。三、可以实际地感到作者的语势，想象他微妙的心境与表情。四、可以辨出作者的性别。著者主张论文与感想文等皆可试用此体，小说更不用说。（一九三至一九四面）但是近来年轻人将他们自己平素随便的发音移写入文字里，如"シュヰタ"作"シュタ"之类，而小说家于叙述的文字里也流行这种错误的用法。著者认为是可慨叹的。（二六一面）其实音的变化也是自然的趋势，一两个人是挡不住的。

（七）本书论文极重含蓄，可以说自始至终只说了含蓄一事（二七四面）。《论品格》一章，有《论古典中人名》一节，著者开头就说："我们以直述活的现实为卑下，言语与所表现的事情间必须隔着一重薄纸似的，才觉着品高。我们是这种国民。"他举《伊势物语》中的插话，总以"昔有一男子"句起始，而决不记这些男子的姓名、身分、住所、年龄。又这类书中记女人的名字，多只写一个"女"字。见于《源氏物语》中的"桐壶""夕颜"等名，也并非女人们的本名，而是借房室或花的名字以称之。著者说：以"物语"而论，若用女人们真名，就对她们失礼了。对于男子，也多避记真名，而以其官职、爵位、住所邸宅的名称间接指示之。这样，述情写景就能"如隔薄纸一张"了。他说，真实虽可贵，但写得太显，便教人觉着如在人前露出胫股似的了。（二四九至二五〇面）

（八）他又以含蓄解释日本语语汇的少。在日本语里，陀螺或水车转，地球绕着太阳转，都用"マハル"或"マグル"两字；前者是自转，后者是绕着别的东西转，在日本语却不分别。中国语里相当于"マハル"或"ラグル"的字，可就多了，如"转""旋""绕""环""巡""周""运""回""循"等，意义皆略有不同。他说，这是日本语的缺点之一。从前日本人取汉语以补充自己的语汇，现在又取欧美语，这是很对的。但是他又说语汇丰富起来了，便过于依赖言语的力量，过于好说话，而忘却沉默的效果，那就不妥当了。他说日本语语汇的缺乏，不一定就是日本文化劣于西洋或中国，他宁以为这是日本国民性不好说话的证据。自古中国与西洋都有以雄辩著闻的伟人，日本的历史上就没有这种伟人。他说日本自来的风气是看不起能辩的人的。他说因为日本人正直，贵实行，不爱巧语花言，又性不执拗，对于一件事不愿意烦言。他说日本人有十分实力，自己只觉着七八分，叫人看也只七八分。这是东洋

日本语的欧化

93

式的谦让之德，与西洋人正相反。又说优劣暂不必论，而由此可见日本语的发达，不适于多言，并非偶然。（五四至五八面）著者论述此意，占了三面半的地位，才真是雄辩呢。

（九）可是日本人依赖言语的习性，到了记述西洋输入的科学、哲学、法律等学问，就发生困难了。这些学问在性质上必须致密正确，非处处写得清清楚楚不可。但日本语的文章却怎么也不能如此周到的。著者说他常读日译德国哲学书，许多处问题稍深入，就常会不懂。这固然也是哲理本身的深奥，而日本语构造不完备却是主要原因。自古以来，东洋关于学问、技术的著述也不是没有，但都以难言传的境界为贵，以写得太露为嫌。徒弟教育时代，弟子直接受先生口传，一面受先生的人格陶冶，自然领会，并不全依赖书。这样看来，日本文章不适于科学著述也是当然的了。现在日本的科学家解决这种不便，大概以参用"原语"为主。他们讲书，在日本语里挟上非常多的原语，发表论文，既用日本文，同时又用外国文发表，而以外国文体为标准。他们的日本文在具有专门的知识及外国语的素养的，虽然看得懂，在常人简直茫然。体裁虽说是日本文，实在是外国文化的东西。这种外国文化的东西要比外国文还难

语文零拾

懂，实际上说，翻译文在没有外国文的素养的人才是必要的。日本的翻译文，没有一点外国文的素养的却看不懂。那有甚么用呢？（七二至七五面）

（十）但日本语这种缺陷该怎样补救才好呢？这不仅是文章的问题，而是由于思想方法、长时间养成的习惯、传统气质，等等。就眼前而论，不适于用本国国语发表的学问，不能真算是本国的东西。著者说："迟早我们得创造适于我们自身的国民性及历史的文化式样。"他说，今后不可单模仿西洋人，非得将从他们学得的东西与东洋的传统精神融合起来开辟新路不成。（七五至七六面）著者相信他们立在文化的前头发挥独创力的机运已经到了。（七六面）但是谈何容易呵！

（十一）从以上种种看，在创造中的日本语的问题，颇跟在创造中的中国语的问题相像。这也难怪，日本语在构造上虽与国语不属一系，但在文化及表现的样式上，却是差不多的。日本语所受汉文的影响实在太大了。又日本维新在别的方面进步很快，但在语文方面似乎并不如此。我们和他们至多也不过五十步、百步之差罢了。所以谷崎的议论很足供我们参考。但他的意见究竟过于保守，在这个时代，讲 Tempo，讲 Speed，人心忙迫而忘却悠闲的这个时代（一四四面），怕不合于实际罢。

————原书中华民国二十三年（昭和九年）出版。

本文作于二十七年一月。

日本语的面目

这里是四篇论文的提要。原文都见于日本山本三生等编纂的《日本文学讲座》第十六册《国语文法篇》，中华民国二十四年（昭和十年）出版。

（一）保科孝一《日本语的特质》（一至三四面）

本文分十节：一论语言起源于拟声，二论日本语是关节语，三论助动词及助词的发达，四论语序，五论日本语是多节语及叠字对句等，六论敬语，七论省略法的发达，八论口语文言的关系，九论方言的发达，十论语音的连想作用。文中重要的依据，似乎是 Aston 的 *A Comparative Study of the Japanese and Kerean Languages*（1879）与 Chamberlain 关于日本语及虾夷语的比较研究

（四节），可见日本人对于他们自己的语言还没有研究成绩可言。文中所论日本语的特质，或可帮助我们批评日本语，或可帮助我们研究本国语，现在摘述一二。

先说语序。日本语的句子，主词居首位；直说法以动词或形容词结尾，动词宾词在动词之前；疑问句则有疑问助词，常在动词或形容词之后。Aston 说这种语序对于发表论理的思想是否有利，是个问题。怎么说呢？因为判断事物时最重要的成分放在句子的最后，那判断就不能早确定，到了最后还可以变更。如说"私ハ增税案ニ赞成致シマ"句子到此，赞否是不确定的；最后加上"ス"或"セン"，那说话人的意思才确定了。又疑问助词"カ"照例放在句子最后；要是对于上引的一句发生疑问，便得说"アナタハ增税案ニ赞成致シマスカ致シマセンカ"（你对增税案赞成呢？反对呢？）这些表示肯定、否定、或疑问、禁止的意思的最重要的成分，都在句子的最后，未免不明确，同时像是意志浮动，到最后还不确定的样子。如中国话那样按着主词、述词、宾词的顺序，恐怕不成。日本人对于席间演说等本领很差，老用"不过呢""那么""就是"等插进语句中间；这些话甚么用处也没有，只不过填空子罢了。这在欧美人大概不会有的。日本人的不能持论，正是日本语语序的结果罢。（一○至一一面）这里所说疑问助词在句末，与中国语是相同的。

次说人格化。Aston说日本人与朝鲜人想象力大不发达，语言缺乏人格化。有知之物与无知之物，神与万有，精神与物象，个人与众人，自己与他人的区别，都很缺乏明了。两国语言都没有文法上的性别，即人称代名词和形容词都是不分性别的。动词也不分人称。阿利安语借人代名词以表示这种动词的区分；日本语与朝鲜语虽有男性代名词及女性代名词，但都不明示动词的人称。因此两国语言里主语与动词连接的力量是极薄弱的。又因动词缺乏人称，真的被动语气不发达。朝鲜语简直没有被动语气。日本语里也不十分发达，被动可用以表示可能及敬语，这种用法在阿利安语少得很。人称观念的不发达，从人代名词也可见。人代名词多用不指示人称的词。如自称用"ソレガシ"（某），对称用"君"、"旦那"（大人），他称用"彼方"，便是一例。就将这些词儿算人，文章中用代名词的地方还是很少。纯粹的日本文，三面中只有人代名词六个罢了。如译成英文，便非一百个不可。朝鲜语里代名词也不多用。因而两国语言里数的观念，比阿利安语不发达的多。例如两国语言里没有双数 dual number，动词、形容词也没有可以表现复数的形式，名词的位也与数无关，都可见。这也是主语与动词关系不严密的一个原因。两国语言的名词没有单、复的区别，只在代名词里多少有一些。（一三至一四面）Chamberlain 说："日本敬语极丰富，敬语可代替人代名词，又可代替表示人物的动词活用。"（一四面）这当也是人称观念不发达的一大原因。日本的代名词很不少，有些是本国的，有些是汉语里传去的，但省而不用的时候多。保科孝一却说："日本是离开大陆的岛国，不怕外国侵略，岛内生活极为平和愉快，'所有'观念不大发达，大概代名词便因此粗疏起来了。"（二三至二四面）

次论省略。只省略主语一点，与阿利安语不同。"因为有敬语表示人称关系，省了代名词不怕误解。平安朝假名文学，照例在开端一度表出主语，以下便一概省略。《源氏·雨夜的品定》里，主语也大抵省略。这因事实的内容与敬语的关系，了解主语所表示的人格，并无何种困难；将它省去，文章倒简洁些，修辞的价值也增大些。"（二五至二六面）

次论口语与文言。德川时代的学者，以为文言崩坏，变为口语。如文言上二段、下二段的动词崩坏了，便成口语里的上一段、下一段了。著者说文言体自然崩坏的事是没有的。倒是口语有了变化，文言是要受影响的。以本例而论，古代口语的上二段、下二段的动词变成了现在的上一段、下一段动词。这种变化发生于口语之后，文言也会用上一段、下一段活用的。音便也如此。先发生于日常谈话，到了普及于一般口语的时候，自然就影响到文言了。例如 Kisaki-Kisai, -Okini-Oini, imijiku-imijin, Sukikaki-Suigai，K 音的脱落是发生于口语的一个音便的现象。这个现象普及于一般口语的时候，自然便影响到文言，文言便也渐渐将这个变化行开了。（三〇面）

次论音节。日本虽有单音字，但是少数，大部分是二音以上的。日本单语构造与中国语、斯拉夫语之子音多于母音者不同，而与意大利语之多含母音者相似。音节构造虽然简单，可是说话及歌谣舒长而不急促。著者竟然说："用这样语言的日本民族的气质，自然平静明朗的。"（一六面）又叠语与对句也是日本语的特征（一六至一八面），与中国语相同。

（二）小林好日《日语文章论》（一〇九至一二六面）

本文诚如著者自论，是个未成品。其原因在硬用西洋理论及文法范畴来讲日本语句的结构，而一面自己也不信其合式，所以便不免浮光掠影的毛病。但文中也有几处值得注意的。

第一、判断句与非判断句。如"雪ハ白ィ"（雪是白的），整个儿是论理的判断；"雪ハ"是判断的主题，"白ィ"是叙述语。表现判断时，总用助词ハ字的。这叫做"对极关系"。像"强的国家"或"纸及墨""笔、墨、纸"那样从属关系或同位关系的连语，叫做"同极关系"。（———面）但"子供ガ鶏二餌ヲヤッテキル"（孩子拿食物给鸡）一类句子，却不算"对极关系"，因为这只是知觉作用，而不是判断作用。这里只有直观。直观虽也可作判断的对象，但须将句子变为论理判断的形式，如说"目前ノ光景ハ'"（目前的情形是）云云，这一来判断的对象便清楚了。在本例里，"子供ガ""餌ヲ"等是动词"ヤッテキル"的主体及客体（宾语），是从属于动词的补充成分。动词所说明的概念，只是他的主体（目的、标准）的事物的属性概念。所以在这种句子里，主词是从属于述语的，那么整句便是同极关系了。（——二至——三面）

第二、语序。语中成分有四：主语、述语、宾语、修饰语。定他们的关系的，一是语序，一是助词。如 John struck James 与 James struck John 两句中，主宾语的区别，靠语序。但在日本语，像"太郎ハ次郎ヲ打ッタ"与"太郎ヲ次郎ガ打ッタ"两句，就靠助词显示这种区别了。又如中国语那样的孤立语，表示句中各成分的关系，语序是特别重要的。可以说不研究语序就无文法可言。所以中国语称为序列语。"大破敌兵""敌兵大破"二句，便只是靠语序区别主语与宾语的。在日本语"敌兵ヲ大ィ二破レタ""敌兵ガ大二破ッタ"，用ガ与ヲ便将主宾关系显明了。日本语里，助词表示句中各成分关系，其重要由此可见。（一一六至一一七面）

第三、单语的构成。在语句中，单语构成连语，单语、连语构成句。看起来好像先有单语，次有连语，最后才有句。其实不然，从发生上说，先有句，次有连语，最后才有单语，这从幼儿的语言可以想见。幼儿的语言不是单语的连结而是声音的连语，如"バァバァバァ"是。这种声音是作为句子而结合，以显示全体表象的。这样作为句子发表的声音结合，几个凑起来，便又成了新的统一体，而原来的一句成为他的部分。既成了新句子的部分，就不得不缩短变形。何以呢？因为句子不单是声音与声音的结合，而是声音群的统一，他是与意识内容的统一融合之事实相应的外形统一，他便是这种声音结合。那么，句子作了别的句子的部分时，便成了连语了。而这新句子又与别的句子结合而变成连语，更要缩短变形一回。如此缩来缩去，变来变去，结果便造成了单语。这些单语的连结和连语的连结，伴着语言的发达，习用的结果，便成了定形，少有刺戟，立即会再现于意识之中。（一一九至一二○面）

第四、和文脉。和文脉是用连语，连锁的延而不断的构成法；句子短，句法简洁，便是汉文脉了。现在人受了欧文的影响，多用短句，但还不能完全避免连锁式而不用。这可以说是日本文章构成法的一种特征。（一二五面）但胜本清一郎在《东京日日新闻》发表的《日本文学的基础》一文中，却否定这种特征，以为像谷崎润一郎的《春琴抄芦刈》等只是风靡欧洲的 Rocoso 趣味的影响。（一二六面）

第五、文法。著者以为"要作日本语文法，当先看日本人的思想如何表现到句子里，这又非得先归纳的研究事实不可。须广搜从古至今各时代的各种语言资料，将句的组成以历史的眼光考察之。立足于如此的归纳的历史的研究之上，日本语的文法才能建立起来。在这个意味上，像松下大三郎的《标准日本文法》是有可注目的价值的。"（一二六面）

（三）吉泽义则《平假名的研究》（一八五至一九五面）

抄本上写ィロハ歌用的一种字体，叫做"平假名"。自古相传为空海所作，但无确据。这传说始见于大江匡房的《江谈》：

> 天仁二年八月日，向小一条亭言谈之次，问日假字手本者，何时始起乎？又何人所作哉？答云：弘法大师御作。

云云。就古代平假名的形状和文字的性质想，此说不可信。新井君美创自然发达说，伴信友祖述之，著者是赞同的。（一八五至一八六面）

平假名之称始于江户时代，古称"女文字"或"女手"。《土佐日记》中只有男文字的名称，是指汉字的；想来也该有女文字的名称以指平假名。参看《宇津保物语》以下的用例，此意很可信。著者反对空海说，从"女文字"或"女手"的名称想，以为平假名是女子作的。（一八六面）

《万叶集》时代已过，《古今集》时代未来，这其间是日本文学的黑暗时代。诗文隆盛，压倒和歌。这时代文艺清清楚楚分为男性的和女性的。男性文艺用汉语表现，非用汉字写不成；女性的以日本语表现，写假名。（一八六面）这种分野起因于当时的男女教育法。男子教育以汉学为首。《九条殿遗诫》有云："凡成长颇知物情之时，朝读书卷，次学手迹，其后许诸游戏。"女子教育，上流社会只学学弹琴与和歌，中流社会则学染织裁缝等作主妇的必要的知识技能，由《枕草子》及《源氏物语·帚木卷·雨夜的品定》知之。女子和汉字是无缘的。而且当时还有一种迷信，说女子读了真字（汉字）书，会被人制住（？），见《紫式部日记》。（一八七面）

　　这时候女子就是有汉学的知识，也不能表现出来。她们只专心于和歌，潜思于假名的日本语里。和歌对于当时女子，与其说是趣味的文学，不如说是生活上不可缺的文学。写和歌便非用假名不可。所谓男女的分野不独纯文艺如此，所有笔札，无不判然划分。日记与书简都是这般。女子习于这类文字，渐渐便制出平假名来——不用说，这并不是意识的计划。她们常用假名，有时任其才气，信笔挥洒作草，为求简单，随意省笔。而因不知汉学，不受汉字掣肘，得以大胆自由。虽是大胆自由，但在受过完全的趣味教养的女子的手里，常教

趣味性引着走，这便成了优艳的"女手"。（一八九面）

"王朝时代"人分假名为五种，见《宇津保物语》。一、"男手"，本用来称汉字（?），后来借称假名的一体所谓"万叶假名"的。这是一字一字离开写的，与连续书者异。二、"非男非女体"，即草假名，通称为"草"，是借用汉字草书之名。（"草"又为假名的总称，对汉字而言。）著名的《秋荻帖》就是这种字。三、"女手"（"女手"也可作为对汉字的假名的总称）。四、"カタカナ"（片假名）。五、"苇手"（一种草书），文中无说，不详。"女手"是假名中之极草者，文字的姿态与笔致都不十分清晰，必是连续书的和歌书简之类，这从"女手"的本质使然。（一九一至一九二面）

（四）春日政治《片假名的研究》（一九七至二〇六面）

片假名作者问题，"南北朝"人明魏法师（藤原长亲）《倭片假字反切义解》序首言之：

　　风闻太古之代，未有汉字，君臣百姓老少口口相传（原注：中略）。而凡国家用文字有真字，有假字（原注：中略）。至于天平胜宝年中，右丞相吉备真备公，取所通用于我邦字四十五字，省偏旁点画作假字。

并且说:

> 是故竖列五字横列十字,加入同音五字为五十
> 字(原注:中略)。世俗传称之云吉备大臣倭片假
> 字反切矣,有其口诀矣。

那么,连五十音图也成于吉备真备之手了。但片假名不出于一手创于一时是显然的。而五十音图片假名用得多了(古代书写有用真假名的,但用草假名的不常有)以后,将片假名字母综合而成,不会与片假名同时创作。相信片假名是一人一时所作的人,容易相信两者成于同时。又因整理音韵非如真备那样有学识的人不办,因而真备便成了创片假名的人了。(一九七至一九八面)又有白蛾,补注新井白石的《同文通考》,据《以吕波声母传》更说五十音法是唐王化玄传给真备的。

近世这种俗传渐渐站不住。契冲的《和字正滥钞》说真备说无证据,说片假名与平假名都是弘法大师作的。释文雄《和字大观钞》对于异体的假名怀疑。他说吉备公是折衷前人所作片假字,集其大成,所以在书中

尚有少许异体的假名残留着。伴信友对于假名的研究，最为深广，著有《假名本末》，也怀疑异体的假名，但仍拘于旧说。他以为那些异体是旧体用熟了以后重制的。以上这些人对于异体假名那样贵重的资料，都没有能多多试用历史眼光比较观察一下。（一九八至一九九面）到了明治时代，《文艺类纂》的作者木神原芳野在同书的《字志》里说：

> 片假名原为省文略写，去偏旁以便用。而存于古代书迹中者，其省略初无定法，愈古愈然。是不出于一手而成其体者。其始自何时，不能详也。

这也怀疑异体，但否定了真备说，年代的考察，渐已萌芽，比文雄的承认异体的存在是更进一步了。（二〇〇面）

享和二年平泽元恺的门下生某拿元恺的《谟微字说》，求村田春海校正。春海因著《字说辨误》。书中"片假字"一条驳元恺"省文无用全书者"说云：

> 如此书说，片假字皆省文而无全字，但契冲将"千""子""井"等字当作全字。省文虽多，也夹

着全字的。这种全字大概也得叫做片假字，是一定的。片假字原为读书旁训而设，笔画少，书写便利。那么，省笔少的全字自然也可用。虽然全字罕见，但立省文为定则是不成的。

"片假字原为读书旁训而作"以下的话极中肯，从前无人说过，真是卓见。山崎美成的《文教温故》也说：

> 就古书之训点（注音并记读法）及点圈中残存之古体片假名而论，曩者旁记字训，以真书点画繁多，遂加省减，此即片假名起源矣。（二〇一面）

假定片假名发生于"训点"，想着若就这种"训点假名"加以年代的考察，则片假名的起源发达得明，因而从事研究的，却是大矢透博士的事业。他著有《假名源流考》《周代古音考》《音图及手习词歌考》《韵镜考》等。关于片假名研究，明治四十二年刊行的《假名遗及假名字体沿革史料》是他的名著。该书于平安初期至近世初头的片假名字体沿革，开始与吾人以相当鲜明的概念，并指示各时代片假名字体的标准。但"训点"最初期的资料，即可见片假名发生之始的资料，诸书中尚无之。不过博士继续孜孜的搜集古资料，后来又公布了两三种史料，作为续篇。这些都是从奈良正仓院"圣语藏"的御藏经搜得的，其中已经有可以窥知片假名起源的好材料了。博士本计划写一本《假名字体沿革考》，可惜没有成书。但他关于片假名发达的调查，可以说是近乎完成了。（二〇三面）

见于正仓院"圣语藏"的"点本"，以施于神护景云二年御愿经一类，《持人菩萨经》《罗摩伽经》及唐写《阿毗达摩杂集论》等的"古点"为主要材料。其中景云愿经一类似乎是最古的施点，这些古点本共同的特征是，假名的字体常以真假名（汉字）为本位，略体假名极少。与稍后的假名字体比较，知此种情形属于片假名发达的极初期。这种事实表示"训点"的假名是从记入真假名起始的。论到记入假名的方法，字形大，是特征。有些（如《持人菩萨经》）只以大字将助词嵌入本文中。而将助词嵌入本文中，并将实词的音训记于栏外的也很多。本文中避免记入假名，是因为汉字小了书写困难；要将汉字记注在行间而不点污本文，是很难的。那么，要是多将假名记入行间，字形就得小，因而便有了省文假名增加的情形，如《罗摩伽经》点便是的。（二〇四至二〇五面）

调整你的语调

——与为人

本文见一九四四年六月份美国《读者文摘》，是一个节本。著者休士·麦恩斯（Hughes Mearns）是知名的教育家和心理学家。

我知道一位出色的作家，到饭馆里，侍者们总不好好地招待他。这种经验叫那位作家老是莫名其妙。他的话够客气的，可是他的腔调，就是叫一客晚饭罢，却大模大样的使人难堪。在侍者听起来，那话味儿好像是："瞧我是甚么人，你是甚么人。小人点儿，无用的家伙。"他自信会得留心用字，却全不觉察那字里行间的话，那"腔调语"。

二十年研究人与人的关系的种种问题，使我明白：人们彼此不能顺溜地相处，一个主要的原因就在语调所传达的意思往往与我们说出的字相反——这事实大家却似乎不知道。事实上，叫人生气的多半不是字面，而是腔调。我们常向人抗议道："我并没有那个意思。"我们难过，因为别人误会了自己。

最常见的误用语调，是心里曾经厌烦或不高兴那件事，嘴上却在说客气话。例如随口敷衍一句："某某，你昨天请的客很好。"或是一口气接连说："查理，你真好，昨天让我们过来会见你那位有趣的客人，我们每分钟都是高兴的，不是吗？"这些像煞有介事的话里有话："你别想着昨天请客没有意思了，并不那么的。"

误用语调引起人事摩擦，还有些别的例子。如健康已复的人还带着病调，甚至老带着病调；如中年人还带着女孩儿调；如忍耐的语调，孩子们听起来比公开的骂还坏。还有不忘事的语调，如晚餐谈家务，晚上回家谈公务等。

要改善这些，必须完全明白腔调语的实际。试将我们听到的话，照那样的腔调所显示的，译成字背后的真话看看。这句"你好吗"是"你真好"。那句"你好吗"是"该死"。"你打算去得很久吗"会变成"希望你永不回来"。"咱们得多见见面儿"会译成"办得到的话，别再见面啦"。

知道了这种平常的双关语，就得细心练习运用那些愿用的腔调。这不像做姿势或打扮那么容易。真情藏在深处。要深入浅出，用平常的话表达我们自己最好的一面，得费点气力。可是，假使我们觉得在我们所爱的那些人中间维持良好的关系，是重要的，这便值得做。

在习俗的社交事项里，要表示诚恳，只消将语调放低些，一面留心将话说得慢些，没有情感配合着，不必空说客气话。好在我们彼此交谈，大部分可以用直说的"平调"。这种腔调是不含深意，无所影射的。例如向不相识的人问路，"那一条道到最近的公共汽车站?"这就是不得罪人的平调。又如在家里问道："锥在哪儿?"答话可以是"不知道"，却无须说明理由，不可表示厌烦，不必管要锥做甚么用。这句话是答得冷静而无关心的一句叙述事实的话。

细心运用这种平调，最能减少我们日常事务里的和我们语调里的种种紧张。我们的腔调有时候会迁怒，使朋友们糊里糊涂，莫名其妙。留心用平调会减少我们自己的紧张。别人感情冲动地向你说话，高声叫唤也罢，低声哀求也罢，你只消能够好好地用平调答话，对这个人会获得神奇的效果的。

第二步是练习"客调"。在许多家庭里，对客人甚至不相识的人用的语调，往往倒比对家里人常用的友好些。设想夫妻、子女是初次会面的人，那母亲会将自己的孩子看作街坊上新来的小孩，不用那用惯了的利害的告诫腔调，话里每一个字都带着友情。这个办法那么行而有效，你可以看出那孩子满面春风的听话，不再赌气闹别扭。那丈夫到许多年之后又听到了那对他有意思的友好的语调，那话里的笑声，那靠得住的腔调叫他忘记过去和将来种种忧虑，只生活在幸福的现在里。

那些与工人、佣人、孩子处得最好的人，他们说话是不用那表示优越感的半高调的。我们来举赫威·怀特做一个自勉的例子。这是"那无钱的、卡次基的慈善事业家"。三十年来，他在纽约省乌司托克他的山区内曾经给予创作的机会于好些艺术家、作家、音乐家。

我问赫威·怀特，他对那些给他掘沟的人、筑路的人，给他在树林里造戏园子的人，能够有伟大的成功，秘诀在哪里？他说："随便哪个给我做工的人，都在亲身给我服务，所以我总感他的恩。除此之外，我还将他看作一个专家，我从来没有学过的工作，他能做得很好。"这样，那节制他的腔调的情感，实在是对那些和他工作的人的敬意。

这种表示敬意的"低调",表示承认别人对于一件事比你自己知道的多。我们日常与人相处,能用这种低调是有益的。

百万年前人还没有创造字儿的时候,已经在用腔调语。现在言语不通的人,也还可以靠腔调语达意。我听过白人用我们的话和红印度人说话,他们用他们的话回答,谈得很友好。言语尽管不通,却表示了并懂得了彼此的好意。社会工作人员告诉我,对外来的移民只需要一个微笑、一个姿势、几句话,充分表示欢迎和帮助,就可以消除他们的疑惧,引起他们的信任和友好,尽管你说的话他们一个字也不能懂。

自觉地用腔调语,会使一切人与人的关系丰富起来。注意你的腔调语,它是人的古老的遗产。要熟习腔调语,它向全世界叫出我们的秘密。重新安排你的会话,使你自己得到一种新语调。警告你自己那个伟大的真理,就是一回不能切实地表示你的真情,便一回失掉些宝贵的东西。

回到大的气派

——英雄的时代要求英雄的表现——

本文见一九四四年十二月二日美国《土曜文学评论》，专栏作家多罗色·汤姆生女士（Dorothy Thompson）作。

我读罗素·达文鲍特（Russell Davenport）《我的国》时，自己有一种观察，从这种观察想起了许多话。这种观察就是：五年前达文鲍特不会写这篇诗，五年前批评家会将它撕成碎片，说是"过甚其辞"，"主于劝教"，"火气太大"。这种观察可与事实配合起来看——事实是这篇包罗万象的长诗一星期销到两千本，学生、工人、商人抢着读，读时满眶眼泪，和我一样，他的心

里充满了感谢。 （译者别有一文介绍《我的国》，见《时与潮文艺》三十四年三月号，又杨因翰先生有全译本，中外出版社印行）

还有些值得观察的别的事。巴黎解放后开秋季沙龙时，青年巴黎艺人反对皮卡梭（Picasso）的画，叫着"解释！解释！"他们要那位伟大的艺术家解释的是什么呢？照我看，在法国困难之后，他自然还该像从前一样作画。他的《古尼卡》那幅画是一变。这位近代的天才企图在画布上描出生活的面目的可怕的表现。但是法国民族经过种种剧烈的忧惧，内外生活根本动摇，皮卡梭却还凭着他在战前、占领前的同样的神秘的智慧回到他们当中，那自然是不够的。

假如我可以在艺术范围外举别的例，我要举我自己。在这一回总统竞选中我有过一回演说，据说很惊人。演辞发出五十多万份，还有要的。在五年前我不能也不会有这番演辞。感动人，并且似乎感动人很深的，不是演辞的前一部分。那一部分只是叙述事实，像律师的节略一般，我只希望那是些合理的、真实的话。但是后一部分却表现了对于一个厌倦的、负担过重的人，对于多少厌倦的、负担过重的民众的，一种宏深而严肃的情感。我"胆敢"——回想起来，真是大胆，虽然我当时并不觉得如此——用那一向称为"讲坛式"的表现，这种表现方式在演说台上、广播机前已经废止了差不多三十年。

假如我们将眼光转到苏联，我们可以看到类似的事情进行着。在列宁格勒之围里，萧斯塔柯维兹（Shostakovitch）写出他的《第七交响曲》。这部交响曲从那时以后，成为战争艺术最有力的表现之一，不但为了俄国人，并且为了联合国一切人。但是从如此能够表现我们时代的这部交响曲，却看出那传统的、那情感的、那"伟大的行列"是回来了。

早期的共产党诸领袖曾经企图将纯粹的知识群放在新环境中运用，但是在现时种种进攻、争斗、死亡、毁灭、怕人的、惊人的、灼人的经验中，已证明纯粹的知识群简直不够用。俄国已经使一般英雄复活了。这中间有许多原是马克思所诅咒的，有许多原是三十年来全俄青年用的教科书里所诅咒的。记得在一个俄国学生的日记里，那学生表示要"向那些老沙皇唾口水"；记得他是从一个故事中读到那些老沙皇，但是日记出世时，那种故事已经绝迹了。可是现在，教美国急进派担心的是彼得大帝、伊凡第四、加赛林大帝，都又成了民族英雄了。他们担心这些人从过去里复活起来，会引起反动的局面，这个想着也有些道理。从这些英雄的复活，却又看出人们在渴求伟大，在渴求对于无时限的连续性和历史命运的意识。没有这种种，现在的苦难会教人忍受不住的。

我随手举的这些例子是根本的变化的一些象征。许多左翼的人会说这些是退步的标志，但是也怪，那些人民自己的态度正相反，他们一边努力于"人民的民主"。要使人民广泛参加我们的社会的经济的生活的一切方面。同时要求艺术的表现。这种表现原是群众向来不去领会也不能领会的。实际上艺术从不曾像过去三十年这样和民众的生活分家。诗人为别的诗人写诗，画家为别的画家和画商作画，民众的艺术只有大乐曲中零星采用的调子——跟笑剧、电影。

奇怪的是最神秘的艺术却自称为"革命的"。这种艺术决不是革命的，多半是阴柔的、内转的，至多是反叛的——而反叛和革命怎么说也不是一回事。久特罗德·斯坦因（Gertrude Stein）从不会写作一首革命的诗，因为她所写的都不能鼓动人心——除了神秘性的人，就不能启发别个。一切革命的艺术不要为艺术的艺术，只要为人生的艺术。急进派所称为急进的艺术实在是一块不毛之地，艺术的精华已竭。这种艺术聪明，熟练，诉诸智力，可供装饰，小巧，是一座象牙塔。它轻视"大行列"，躲避丈夫气，又害怕又讨厌每个大题目——"跳舞的群星，变化的天地，广大的战争，生活，死亡，出生"。它拒绝说"是"是"是"，"否"是"否"。

反抗知识分子和"知识阶级"——艺术家在内——是我们这时代一件惊人的大事，是法西斯主义主要的一面。知识分子和艺术家都已戟指大叫。但是他们皆自省一番。群众恨他们，是恨他们齐根切断了人的信心。生活艰难而苦楚，死亡更艰难，更苦楚。世界是一座地狱，一些无目、无心、无灵魂的机械人在爆炸中消磨掉家庭，神龛，母亲的照像，活孩子的身子。一个青年人，生命像酒一般在他血脉里歌唱，眼睛却得小心地死盯住这种攻势。于是只成了一个侧影，一个火焰，再没有别的。千百万拉结（Rachel）哭她们死掉的儿子，"忧愁"将石头压在千百万颗心上，不是艺术家、诗人、先知，谁来给我们自己解释我们的经验呢？他该告诉一位母亲说她的儿子是一些化学物质的很匀称的化合物吗？该说宗教是人民的麻醉剂吗？该说三个青苹果包含着宇宙吗？

沙龙里、文学茶会里的谈话，画院里专门的指导书，用优越的调子解释神秘作品的心理分析的意义；心理学家，统计人的种种反应，说这就是"人"；以及布满各种的止痛药——真正人民的麻醉剂——商业化的电影，刺激性的广播节目，悦耳荡心的跳舞音乐：这一切将灵魂埋葬到比炮弹坑更深的深处，这一切告知人类说他的苦难的意义是无意义。

一切伟大的艺术都向灵魂说话，都告诉人它的伟大。一切伟大的艺术都是净化的，安慰人的。这是看不见的人的眼睛，说不出的人的舌头。历代对艺术家公认的一句话是："那是我见到了却看不出的；那是我觉到了却说不出的。"惠特曼——"夸大，过火"——论到诗、诗人在美国的作用，道：

> 从别的诗篇挤出来的诗篇会过去的。愿望有活力，愿望伟大，只能凭着有活力的、伟大的行为。……最能自尊的民族的灵魂，可以和它的诗人们的灵魂遇合在半路上。……诗人身份的证据是，他的国家亲爱地吞下他，他也亲爱地吞下他的国家。

又道：

> 要做最伟大的诗人的人，直接试验就在今天。

假如他不能让他的当前的时代弥漫了自己，像大洋的潮水一般……假如他不能将他的整个国土——身体和灵魂——吸引向自己，不能拿出无比的爱抱着它的脖子……假如他不能让他的时代将自己变了形……那么，教他自己且同着大家走，等着他的发展罢。

还有：

能以满足灵魂的是真理。最伟大的诗人细心谨慎，终于能够应合灵魂的渴望，让他满意……灵魂从没有受骗过一次，它是决不会受骗的。

还有：

最伟大的诗人从已有的和现有的，造成将有的境界。他将死人从棺材里拉出，使他们重新站起来……他对过去说，起来，在我面前走，让我认识你。他学会这一课。他将自己安排在过去变成现在的地位上。

这篇论文的全部应该重读——《草叶集》一八五七年版《导言》——才能明白真正革命的艺术的本性。这种艺术是生活的革命，并非自身的革命。

这个艺术不让自己从生活或民众退却，却通过他们使自身坚强起来。它不从高而下将它所以为他们要的东西给他们，也不为了他们而降低身份，只用它所能够驾御的最高贵的语言向他们说话。好像在说，我心里有伟大，我在你们面前要见出那伟大，因为我在你们之中，尊敬你们。

在一切时代，除非群众被糖衣止痛剂极端腐化，"大行列"总能吸引群众的。一个民族的艺术是在中古时代极盛期教堂的墙壁上、石头上，这种艺术发扬上帝的，和依于上帝的人类的光辉，而得到感谢、尊敬、爱与畏。它描写人民，照着他们的样子，可以升华了一些性质到高处去，到顶上去。这一些是超乎经验的——他们可以成就这一些。"大行列"总鼓舞人们的热望。

在"英国最黑暗的时候"，丘吉尔的许多演说辞重新抓住了那响亮的行列；詹姆士国王《圣经》译本的节奏，英国最伟大的时代的气味，是回来了。英雄时代要求英雄的表现。

到处人民渴求知道他们是靠甚么活着，他们无论怎样不自觉，也总在切望将来的憧憬的出现。罗斯福总统在波士顿演说时，那演辞充满了犀利的、机智的语句。广大的人群聚在露天里，笑着，随时欣赏着。但是到了末一段，他变了调子，用清朗的热忱论到美国的过去和将来。他说：

> 和平，跟战争一样，得有一种同志的精神、事业的精神、不自私的精神，得有一个不可克服的胜利意志。
>
> 我们在这个国家里，多少世代以来，对荒野战争，对山河战争，对水旱战争，对压迫与不宽容战争，对贫穷、对疾病战争。……
>
> 我说我们为了美国，为了文明，这种仗得打下去，规模得大，要使这一回抵抗暴政、抵抗反动的战争不是白费的，种种困难，种种失望，也许阻碍进步的轮子，我们得打过去。……
>
> 我说我们得进行一种和平，这种和平要能够吸引那些最高的人、最能干的人、最有思想的人。
>
> 那是我对全面胜利的意义的概念。……那概念是根据一种信心——对于美国的无限的运命不可征服的精神的信心。

一位在场的人告诉我，这番话是整个的信心的证据，是在和平中进行的为了文明的大战的图影，当时民众都听得迷住了，默默地站着，仰面看看总统，欣悦地注意着，末了一阵掌声像吼一般。为什么？因为当时总统给他们说了他们所需要听的话——三十年玩世主义，四年最可怕的战争，将他们的生活炸得只剩下些精神的真空，他们需要些东西将这真空填起来，总统的话正是他们所需要的。总统这回不用炉边播讲或报告的方式，而用大的气派说话，说给那活生生的男女一群人。他们彼此够得着，彼此在不知不觉中摸索着，他们向他摸索着，摸索着安慰与扶持。

这时代，我们在其中出了这么多汗、这么多血、这么多眼泪来作战——这时代不是变成惊人而美丽的伟大，就会变成惊人而阴森的幻灭。这时代会产生些诗人和艺术家，他们拿出无比的爱抱着他的脖子，要不然就会产生倒霉的另一代人，丧气的、玩世的人。时代对于能干人、天才，和能够再造时势的人的挑战，从来没有这样利害过。这时代它的身量和面积，带着它的一切忧惧，要求艺术家表现。这些艺术家要能够用饱满而有训练的情感，将时代的种种放到怀抱里去。"懦怯的人一定会过去的。将来保证诗人、欢迎诗人的，不是智力了……精练，躲闪，文雅，那一套都消沉了，没有人记得了。这民族只有向着跟它自己一样好的去处走，向着它自己两相像的去处去，才能走到那半路上去。"

美国会在艺术的一切形式里来一个再生时代，要不然就证明她的那些艺术家和知识分子毫无价值可言。

那么，叫他们小心罢。

因为诗人和艺术家如已证明无价值，证明不了解这民族的灵魂的情形，他们便由于一种不自觉的卖国意识，毁灭了自己，而他们的毁灭对于这民族是一种威胁——他本身也会毁灭的。

灵魂工程师

　　一九四四年十月九日的美国《时代周刊》上有莫斯科通讯员赫赛一篇电讯，叙述本年苏联的写作和出版情形，现在译在这里。

　　俄国文字还在参战。虽在胜利的前夕，俄国还是写一个字得当一件武器用；每个句子都得帮助打倒希特拉，帮助建设一个共产党的俄国，使像这回的战争不会再有。

　　高尔基说作家是"人类灵魂的工程师"，这是名句。在俄国作战时，这句话非常真确。俄国作家从来没有过这么多的读众，这么快的影响，这么大的责任。勃利斯特来曾说近代俄国作品是"世界的良心",也许说得过分,但这些作品确是俄国的良心无疑。

美国人要估量这些作品的价值,用平常的种种文学批评标准是不够的,要紧的是战事。像一个作家说的"没有文学批评总比没有胜利好些"。唯一合适的试验是看作家们完成了他们的目的没有。照作家协会的主席说,他们第一个目的是"叙述战争的真相",第二是"探求苏联人的心魂"。

国营印刷事业　苏联有无数印刷厂,最重要的是国营印刷厂组合。这个组合在莫斯科与列宁格勒有七个厂,在十六个共和国里各有一个厂。

这个组合是一个宏大而自给的工业,印刷小说、诗集、译本、小册子、传单以及政治、音乐、艺术、科学、农业的书。这个组合统制着墨印和彩印事业。莫斯科的模范印刷所有二千个工人,列宁格勒的印刷厂每年出品相当于战前的二亿四千万页书。像这样大的印刷厂,这个组合里共有十四所。还有书店、书摊、珍本书店三千多所,遍布俄国各处。这个组合对于作家们是一个势力,因为不经国营印刷厂的经理签字,不能出书。

读众　这儿对于读物的需求确是非常之大,将来国营各印刷厂也许还不能满足这种需求。政府一贯地举行着"消除文盲"运动，收效极巨。一般人对于文学的胃口之大，在美国是难以想象的。

公开市场里买书极难，所有初版、重版书四分之三直接送到各图书馆，供众阅览。大批军事政治领袖、作家、医生、科学家、工程师，按月得到新书预告。这些人有权利标出自己所要的书，他们每月能够买到一千卢布的书。选剩买剩的才到公开市场，几点钟也就卖光了。一本小说平均十个卢布，按官价合美金二元。

需求既然如此之大，差不多每本印出的书都能风行成为畅销书。所以各国营印刷厂决定每一版书印若干本，差不多可以随意。决定的根据不在可以销多少本，而在书的重要与有用的程度。

斯大林批评　作家将书付印之前，必须经过自我批评和外人批评，这对于他的天才是个很好的试验。他首先得跟国营印刷厂的编辑讨论他的作品，那编辑或赞成或不赞成。其次便是将作品全部或一部读给朋友们听，他们常会不客气地批评。又常常发表几章在杂志上，也可让人批评。还可在作家协会开会时站起来读几段，听人家的讨论。

这部书稿然后送到党中央委员会所属的中央文化印刷事业管理处。这机关事实上指导着一切文化的与意识形态的写作。斯大林说道："印刷的文字是共产党最锐利、最有力的武器。"书籍经过审查，再送回印刷厂，编辑签了字，才付印。

这个程序有时还得加一项目。斯大林对于文学的兴趣是很浓的。夜半后，作家也许得到他的电话，他祝贺作家的书，有时还精到地建议。有个女作家安那·安东诺夫斯卡耶写了一本小说，叫做《伟大的摩拉威》，是关于斯大林的出生地乔治亚的。这书稿让印刷厂搁置下来。后来，斯大林打电话给她，向她说书写得很好，并且补充了一些关于乔治亚的材料，这才付印。

战时真象 俄国作家说真话吗？前晚上我听到康士坦丁·西蒙诺夫公开表示苏维埃作家对于真象的态度。西蒙诺夫二十九岁，得名极盛，是诗人、小说家、创作家、电影剧本作家、新闻记者、小册子作家。他说："流行的意见说人在战争中写作关于那战争的小说或书，总不能充分客观。"这种意见也对，也不对。

无疑的，在这战时，作家要写德国人，总只当他们是烧毁我们家屋、杀戮我们亲丁的敌人。在大的更永久的意义里，这样办有时也许是不客观的。但这种不客观却与真象并不冲突。德国人没有烧我们的城市吗？没有杀我们的妇孺吗？没有绞死我们的人、枪毙我们的人吗？在这战时，作家想写这些，只写这些，难道不对吗？

写苏维埃军队和俄国人民时，道理也一样。在这战时，爱国的作家总看到人民的坚忍、英勇、不怕死，而情动于中，也是十分自然的。人民心里不用说还有别种感情，如想家，临危而惧，还有身体疲劳，颓丧的思想。爱国的作家却不大愿意留心这些。

憎恨的日子　估量现行俄国文学的价值，还得记住一件重要的事，就是每个俄国作家都参加真正意义的战争。俄国作家曾经出入战争，我们"作家战事会议"的论客，我们"战事新闻处"的战士，甚至我们大部分的战事通讯员（莫斯科的通讯员当然在内），是远不如的。这些俄国作家不仅是通讯员，还有诗人，最温柔的抒情诗的作者，历史家——诸色人等。

从一九一四年那些可怕的逆转的月份，直到莫斯科打了胜仗这一段儿，在苏维埃写作上留下极深的印记。在那些月份里，作家们浑身勇气，满腔决心，这种勇气与决心到底将希特拉打了回去，也发展了他们筋力的、严刻的、神秘的、多用形容词的作风。这种作风，他们在这些好转的得胜的日子里还运用着。那些坏日子就是西蒙诺夫写"等着我"——一个兵对他的妻的话——的时候。

> 等着我，坚决的等着，
>
> 就是他们都说我死了；
>
> 千万也别绝望，别相信。只等着我。

最重要的，那些日子是产生憎恨的日子。像作家协会的尼古拉·梯克汉诺夫说的："对于德国人的憎恨在这残酷的战争进行中成长——这是一种严重的憎恨，无分别的憎恨，还在鼓动红军和苏维埃人民向前进的憎恨。"一九四三年六月二十三日，密凯尔·修罗科夫在报上发表过一篇可怕的小说，叫做《憎恨的学校》，是憎恨宣传的最高峰。在这故事里，伊利亚·爱伦堡成了一个大声疾呼的天才。俄国人民还感到那种憎恨，他们更怕英美人对于德国人会心软。作家们也还感到这憎恨，并且还表现这憎恨。

有了这些情形，才有了那种文学作风，用一个俄国字，就叫做"阿激他"作风，就是激动人民使他们做去。

作家们 照我的意见，有一个人超出这种情形，隔开这些情形。他是密凯尔·修罗科夫，最近于俄国伟大传统中的天才人物。这位《静静的顿河》和《翻起的泥土》的著者，老住在他的本乡维孙斯卡耶村里写作。他不到莫斯科来花费作家们的大量版税，而收获种种荣誉。他不肯做作家协会会长，因为他太忙——写作。他不顾检查制度，只照他所见以为真象的写作。现在，他正在修改他的新作小说《他为他们的国家而战》。修罗科夫用间接的方法造成他的英勇的效果。铺张或重复爱国的套语，他觉得是不必要的。我看他写的士兵似乎是真象。他说："战时一个人有多少需要呢？比平常不容易死些，有休息，睡得好，吃得够，有家信，有闲工夫找朋友们抽抽烟。有了这些，一个士兵的幸福就很快的成熟了。"

另一个地位高的散文作家是阿里舍·托尔斯泰。他无疑的是一个出色的作家，并且是一个精美的风格家。但所写的多半是相当远的过去时代，他不曾将自己和这回战争打成一片。现在，少数青年作家有些不喜欢他，因为他的浮夸和气派。他是有点儿怪，例如将稿纸放在一张齐胸高、斜面像演讲桌的桌子上，站着写作。

最精美的诗人似乎是巴夫尔·安达科斯基，他新近完成一篇诗叫做《儿子》。这是古代的伤痛的作风——好像一个诗人曾经为了吟哦悼战场死士的歌并呼吁复仇而跟着军队前进，好像是他写下了这篇诗。安达科斯基自己的儿子是个为国而死的战士，《儿子》是为他作的。

这三位以下的作家们，看来就都差不多。他们是些"阿激他"的作家——是些记者、艺人。其中最好的一个，是康士坦丁·西蒙诺夫，也是最典型的一个。最有发展的似乎是波利斯·加巴托夫，打破记录的畅销书《不屈服的人》的著者，他很显然受了汉明威的翻译和郭果尔的影响。

将来 至于俄国文学的将来，前晚上我听到佛斯夫洛德·维斯耐夫斯基提出的一些清楚的步骤。他是一个出色的剧作家、海军军官，写的东西多半关于波罗的海和列宁格勒的防卫。他是 *Snamya* 杂志的编辑，代表那杂志说话，推而广之，也代表所有俄国作家说话。他说俄国的战后写作要：一、从党员、士兵、水手、官员、工人搜集关于这回战争的真象；二、光大俄国英勇的传统；三、发扬斯拉夫主义，德国这敌人已经两次侵略俄国，得注意教他再不会分开斯拉夫人；四、记住德国人的兽行，如他们在立第斯和梅丹奈克所做的；五、充分表现人的荣誉、良心、灵魂；六、唤起俄国人新的创造的努力，鼓舞他们将在战争中所表现的英勇精神移到和平时代的事业上；七、尽量研究英美，他们在战争中的助力是不会忘记的。

　　他说："我们要老实说，说得清楚，有锐利的词锋，盼望我们的英美同仁也用同样的语言、同样的精神对我们说话。"

关于《语文零拾》

　　《语文零拾》是朱自清多年来创作的书评、书话、读书笔记、译文等文章的汇编，写作时间的跨度约有十年之久，于1946年暑假期间汇编成书。编好后，请钱实甫先生代交给名山书局，并由该局出版发行。

　　自从移家成都，朱自清每年的暑假都到天府名城度假，并结识了成都的一批文人学者，除了老友如叶圣陶等外，还有就是钱实甫。钱实甫毕业于北平大学法学院，当时在国立四川大学任教，他和名山书局有交往。名山书局出了不少书，其中就有民国美女作家赵清阁的《流水飞花》《诗魂冷月》等书，当然也有钱实甫和缪振鹏合著的《美苏战争的推测》。名山书局可能是一家小书局，不少书都是委托"大东书局总发售"的，不过朱自清的《语文零拾》，却是自己家总发行，可见书局对这本书的重视。

但是，这本书在出版以后，朱自清却有点不愉快。起因是这样的，原来收入书中的一篇重要文章《新的语言》，这篇文章刚发表时，还一度引起讨论，语言学家吕叔湘专门写了长篇文章，对朱自清文中的观点进行了指正。朱自清在把《新的语言》收入该书时，还根据吕叔湘的意见，进行了仔细的修订和补充。但是该书出版后，朱自清发现独独缺少了这篇文章，他也不知何故被出版社抽出去了。对于"小书店"如此的不负责任，朱自清很失望，觉得"很可恨"。但是，这本书依然得到了徐中玉很高的评价。他说："朱先生不仅是一个成功的散文家，他更是一位渊博的学者，单从这本小书，我们就会惊异他所涉猎的范围竟是如此广大；又不仅涉猎广大，而且朱先生都有他新锐妥切的见解。从文字到语言，从古代到今天——甚至明天，从书本到生活，从思想到战斗，朱先生的'慧眼'光芒四射，应该照到的地方，他都没有遗漏，有些地方他所以没有充分发挥，那是由于机会不合适。……朱先生的对于现实的非常，也可以说是越来越坚定的态度，那表情的姿势也不是公式化的，切实而不宽泛，不是感情用事的狂呼疾走，而是

慎思明辨、理性思量的自然必然的结果。"（《评朱自清
著〈语文零拾〉》）

　　《语文零拾》共收《陶诗的深度——评古直〈陶靖
节诗笺定本〉》等文章 14 篇。如果算上被遗漏的《新的
语言》，应该是 15 篇。《中国文学与用语》翻译于 1936
年 1 月 2 日，最初发表于这年的 1 月 12 日《大公报·文
艺》上。该文原作者为长濑诚，朱自清在译文后有一
"跋语"，云："日本竹内氏等办中国文学研究会，出版
《中国文学月报》，以介绍批评新文学为主。现已出到第
九号。本篇见第八号中，虽简略不备，但所提出的问题
是很有趣很重要的。著者非会员，原在外交部，现在东
亚学校服务，有《中国支那学研究的现状与动向》一
书。未见。"《陶诗的深度——评古直〈陶靖节诗笺定
本〉》写于 1936 年 2 月 22 日，发表于这年 4 月出版的
《清华学报》第十一卷第二期，标题叫《〈陶靖节诗笺
定本〉》。《修辞学的比兴观——评黎锦熙〈修辞学比兴
篇〉》写于 1937 年 6 月 24 日，发表于这年 7 月出版的
《清华学报》第十二卷第三期，标题叫《修辞学比兴
篇》。《日本语的欧化——谷崎润一郎〈文章读本〉提
要》写于 1938 年 1 月 16 日。《日本语的面目》写于
1938 年 2 月 14 日。《甚么是宋诗的精华——评石遗老人

（陈衍）评点〈宋诗精华录〉》写于 1938 年 4 月 30 日，发表于在昆明出版的《益世报·读书副刊》上。《宋诗精华》和《宋诗选》，是朱自清在 1938 年 4 月常读的书。《短长书》发表于 1944 年 8 月 8 日在重庆出版的《中央日报》上。该文认为，长篇小说的受欢迎，源于读者的消遣娱乐心理，但这不是忧。真正忧的是缺少书评家和批评家完美公正的批评。《灵魂工程师》翻译于 1944 年 11 月 18 日，发表于第二天在昆明出版的《中央日报》副刊《星期增刊》第四十二期上，直到第四十三期完结。《诗文评的发展——评罗根泽〈中国文学批评史〉与朱东润〈中国文学批评史大纲〉》写于 1945 年 3 月 25 日，发表在 1946 年 7 月 1 日《文艺复兴》第一卷第六期上，又发表于 1946 年 7 月 25 日《读书通讯》第十一期上。1946 年 7 月 19 日，朱自清给《文艺复兴》编者李健吾去信，对李健吾在《文艺复兴》"编后"中"给我声明关于拙稿的经过"表示感谢。查该期杂志，所谓"声明"是："朱自清的书评曾交《读书通讯》发表，久久不见印出，故此转到本刊。"可能是《读书通讯》的编者读到了这一期的《文艺复兴》，才又在匆忙中赶快发了出来。《历史在战斗中——评冯雪峰〈乡风与市风〉》写于 1945 年 6 月 19 日。此篇文章，断断续续写了一月有余。查朱自清日记，读《乡风与市风》是在 1945 年 5 月 5 日，6 日读完。1945 年 5 月 12 日记有"开始写评雪峰之《乡风与市风》提纲""读雪峰之另外一些文章"之句。13 日又云："准备对雪峰著作之评论文章，进展颇迟缓。"26 日亦记有"写评《乡风与市风》文章数行"。6 月 7 日又记"写关于《乡风与市风》的文章，然不多"。18 日"继续写书评"，到 19 日"上午完成书评"。一篇不到五千字的书评，写一月有余，一来是朱自清对此篇文章非常重视，另一个原因也是他胃病越发地严重了。在这一个多月里，多次有"甚疲惫""头晕""呕吐""犯胃病"等记录。如 1945 年 5 月 25 日云："近来因犯胃病，常易发怒，往往对于他人之接触感到不快。"也是在 1945 年的 6 月里，译文《回到大的气派——英雄的时代要求英雄的表现》发表在《抗战文艺》第十卷第二、三期合刊上，又发表于 1946 年 6 月 25 日出版的《人民文艺》第一期上。该文原作者为美国人多罗色·汤姆生女士。

以上是部分作品的写作和首发的时间及其刊物。

朱自清类似的文章其实还有一些，比如《读书笔记》（《〈元曲三百首〉与〈荡气回肠〉》、《杨荷集》）、《读〈文艺心理学〉》、《歌谣与诗》、《水上》、《文学的美——读 Puffer 的〈美之心理学〉》、《文学的一个界说》、《吴稚晖文存》、《熬波图》、《近来的几篇小说》等。这些关于读书的文章发表后，都没有编入他的自编文集中。其实，作为书评，或带有学术研究的读书随笔，这些文章都很有特色。如关于沙刹所著的《水上》一篇，朱自清在文中做了尖锐且建设性的批评，认为新诗"最容易犯的一个毛病就是'浅薄'。印在纸上，好像没有神气，念在嘴边，也像没有斤两；这就是没味。……味是什么？粗一点说，便是真的生活，纯化的生活！便是个性，便是自我！"再比如《文学的一个界说》，发表于 1925 年 6 月出版的《立达季刊》第一卷第一期上，朱自清在这篇学术随笔中，对胡适的"达意达得好、表情表得好，便是文学"的论述表示了不同的意见，认为定义太粗疏，并根据自己对文学的理解，给"文学"的概念作了六个方面的界定：一是文学是用真实和美妙的话表现人生的；二是文学是记载人们的精神、思想、情绪、热望，是历史，是人的灵魂之唯一的历史；三是文学的特色在于它的"艺术的""暗示的""永久的"等性质；四是文学的要素有二，即普通的兴味与个人的风格；五是文学的目的，除了给我们喜悦而外，更使我们知道人的灵魂；六是在文学里，保存着种族的理想，便是为我们文明基础的种种理想；所以，文学是人们心中最重要最有趣的题目之一。元人陈椿所著的《熬波图》堪称一部奇书、冷书，记述的是松江一带盐民煮海熬盐的生活故事。朱自清在这篇书评中，从政治、学术、艺术三方面进行了阐述和评价，颇值得玩味。评论《近来的几篇小说》连载于 1928 年出版的《清华周刊》第二十九卷第二号、第五号、第八号上，评论了《小说月报》第十八卷第十号（1927 年 10 月 10 日）的几篇小说，计有茅盾的《幻灭》、桂山（叶圣陶）的《夜》和鲁彦的《一个危险的人物》。作者对这三篇小说做了恰当的评论和分析。如果按照《语文零拾》里所收译文的标准，朱自清在 1927 年 5 月 3 日翻译的《为诗而诗》（英国 A. C. Bradley 著，发表在这年 11 月 5 日《一般》第三卷第三期上）和 1927 年 10 月 24 日翻译的《纯粹的诗》（R. D. Jameson 著，发表在这年 12 月 10 日出版的《小说月报》第十八卷第十二期上），也是完全够格收入《语文零拾》的。这些文章和译文发表后都没有收入《语文零拾》，对于当时的读者来说，不能不说是遗珠之憾。

　　1946 年 7 月朱自清在成都过暑假期间，把以往写作的书评加以搜集整理，编成《语文零拾》一书，并于

1946 年 7 月 15 日写了序言。该序发表于这年 10 月 20 日出版的创刊号《读书月刊》上，又发表于同年 11 月 20 日出版的《国文月刊》上。

陈　武

二〇一八年三月七日于燕郊